JN026177

専門職教育質保証シリーズ

DX社会の 専門職大学院・大学と その質保証

一般社団法人 **専門職高等教育質保証機構**／編

代 表 理 事 **川口昭彦**／著

ぎょうせい

まえがき

　日本では少子高齢化が進み、いわゆる生産年齢人口が減少し続けています。しかし、就業者の数の増加や就業率の改善が期待できなくなったとしても、働く人の能力向上、経営能力の改善、さまざまなイノベーション等によって、労働生産性が向上すれば、経済は成長し、国内総生産（GDP）も上昇します。したがって、持続的な経済成長や経済的豊かさを実現するためには、労働生産性を上昇させることが重要となります。

　日本がアメリカ合衆国と同程度の労働生産性を確保できたと仮定すれば、予測されている将来の人口減少が起こったとしても、経済成長や経済的豊かさは十分維持できるものと計算できます。残念ながら、2020年代のわが国の労働生産性は、アメリカ合衆国の6割程度の水準に止まっていますし、西欧諸国と比較しても相当低い水準となっています。OECD加盟諸国（38カ国）の労働生産性の順位においても、2015年以降低落が続いています。

　労働生産性を上昇させるためには、人的資本の役割を見直す必要があり、一人ひとりの付加価値の向上が不可欠です。すなわち、生産性向上の鍵は「教育の生産性向上」で、組織の成長力の源泉は人材の成長力です。大学は社会に人材を供給する役割をもっています。ところが、人材育成を支える教育力や研究開発力に関して、日本の大学の国際的な存在感の低下を示す複数のデータがあります。たとえば、わが国の科学技術論文数は、1990年後半には、アメリカに次いで世界第2位でしたが、今やアメリカ、中国、ドイツ、イギリスに続く辛うじて

第5位となっています。このような視点から、実践的な専門職教育の強化が期待され、専門職大学院・大学が設置されました。なお、本書では専門職短期大学は専門職大学に含めて議論を進めます。

　一般社団法人専門職高等教育質保証機構は、専門職大学院のうちビューティビジネス分野および教育実践分野の認証評価機関として文部科学大臣から認証されています。2014年からは、専修学校（とくに、職業実践専門課程）における専門職教育の質保証事業として、第三者評価を実施しています。さらに、2023年度より、実践的な職業教育を行う新たな高等教育機関として創設された専門職大学の分野別認証評価を計画しています。

　このような具体的な質保証事業だけではなく、わが国の専門職高等教育に質保証文化の醸成・定着をめざして、専門学校質保証シリーズを発刊してきました。第一巻では、職業教育の質保証の基本的な枠組、質保証に取り組むための考え方、手法、課題などについて解説しました（2015年11月）。第二巻では、シリーズ名を「専門職教育質保証シリーズ」と改称して、高等教育のリカレント教育に話題を絞り、その方向性と質保証について解説しました（2021年1月）。この第三巻では、デジタルトランスフォーメーション（DX）社会が専門職大学院・大学を求める背景の分析とともに、「個々人の可能性を最大限に伸長する教育」が渇望されている高等教育における学修のあり方とその質保証について議論します。

　2022年9月

　　　　　　　一般社団法人専門職高等教育質保証機構
　　　　　　　　　　代表理事　川　口　昭　彦

目　次

第三部　専門職大学院・大学の質保証

あとがき

編著者紹介

※本書の《注》に掲げた各ウェブサイトの最終アクセス日は2022年9月7日

第一部
科学技術革新に貢献する
専門職大学院・大学

　二十世紀の日本は製造業（第二次産業）中心の工業社会で、終身雇用を前提とした企業内教育訓練が機能し、わが国の国際的存在感を高めることに貢献しました。わが国の第二次産業は「加工貿易」によって発展しました。加工貿易とは資源を輸入し、その資源を使って国内で作った製品（自動車や電気製品など）を輸出する貿易です。ところが、急激な円高の進行や貿易摩擦の激化により、価格競争力を失った輸出企業は、海外現地生産を本格化させました。このような産業空洞化によって、国内の製造業をはじめとした第二次産業が衰退する事態に陥りました。第一次産業も海外の安い農産物・畜産物が輸入されるようになり、農家の高齢化と後継者不足などから生産量が激減しました。これは、産業発展論の見地から当然の流れと捉えられますが、日本は、第三次産業を中心とした新たな産業構造への転換が求められています。わが国の第三次産業は、すでに国内総生産（GDP）および従業員数の両レベルで7割に達していますので、GDPの成長はサービス産業の生産性向上に依存しています。すなわち、第三次産業の高度化（高付加価値化）が、今後のわが国の発展にとって不可欠となっています。ここに、専門職大学院・大学の貢献が期待されています。

　二十一世紀は、第四次産業革命（情報革命）が急速に進行し、デジタルトランスフォーメーション（digital transformation, DX）社会が到来しています。知識や技術は日進月歩の進化を続け、産業の高度化が急速に進み、人に求められる能力が二十世紀とは大きく変化しています。このような科学技術の進歩に加えて、人生100年時代を迎えている現代社会では、多様なプロフェッショナル（高度専門職人材）の育成が、高等教育に求められています。とくに、わが国では、少子高齢化が急速に進み、一人ひとりの生産性すなわち付加価値を高めることが急務となっています。個人的レベルでも、長寿化にともなって仕事に従事する期間が長くなり、生涯にわたって複数回のキャリア・アップを図り、自らの付加価値の向上が不可欠となっています。

第1章

DX社会の高等教育イノベーション

　デジタルトランスフォーメーション（以下「DX」[1]と略します。）とは、ストルターマンとフォルス[2]（E. Stolterman and A.C. Fors）が提唱した概念で、「IT（information technology）の浸透が、人々の生活をあらゆる面でより良い方向に変化させる。」と定義されおり、その特徴は表1-1のようにまとめられます。彼らは、「よりよい生活のために技術を批判的に調べることができる研究の出発点として、適切な研究ポジションを確立する試みである。」と言及しているように、研究へのアプローチ・方法論を述べた内容となっています。

表1-1　デジタルトランスフォーメーション（DX）の特徴と定義

ストルターマンらが示す特徴
・デジタルトランスフォーメーションにより、情報技術と現実が徐々に融合して結びついていく変化が起こる。 ・デジタルオブジェクトが物理的現実の基本的な素材になる。たとえば、設計されたオブジェクトは、人間が自分の環境や行動の変化についてネットワークを介して知らせる能力をもつ。 ・固有の課題として、今日の情報システム研究者が、より本質的な情報技術研究のためのアプローチ、方法、技術を開発する必要がある。
経済産業省「DX推進ガイドライン」による定義
企業がビジネス環境の激しい変化に対応し、データとデジタル技術を活用して、顧客や社会のニーズを基に、製品やサービス、ビジネスモデルを変革するとともに、業務そのものや、組織、プロセス、企業文化・風土を変革し、競争上の優位性を確立すること。

　ビジネス用語として用いられるDXは、それぞれの立場から多様な定義がされています（一例として経済産業省の定義[3]を表1-1に示しました。）が、コラム1-1のようにまとめられます。

コラム 1-1

DXとは
仮想世界と物理的世界を融合してヒト/モノ/ビジネスが直接つながり、**モノのインターネット（IoT）**を通じて、製品やサービス、ビジネスモデルを変革するとともに、業務そのもののみならず、**組織、プロセス、文化・風土**をも含めた**社会全体の改革・変革**をさす。

第1節　第四次産業革命とDX社会

　デジタル化の進展によって社会環境は激変し、産業構造や雇用などを含めた社会全体のあり方が大きく変化するとともに、人々の生活も劇的に変わりつつあります。この背景には、第四次産業革命とよばれる情報通信技術（information and communications technology, ICT）の急速な進化があります。ICTによって、情報、ヒト、組織など、あらゆる「モノ」が、グローバル環境下で、瞬時に結びつき、相互に影響を及ぼし合う状況になっています。これによって、産業構造や技術分野などの既存の枠に囚われることなく、今までなかった付加価値が産み出され、人々の働き方や価値観が大きく変化するとともに多様化しています。このような環境下で、社会が必要とする能力観も大幅に変化し、高等教育も大きな転換期を迎えています。

　最初に、第一次から第三次までの産業革命と第四次の相違点を分析しましょう。第一次・第二次産業革命はエネルギー革命であり、第三次・第四次産業革命は情報技術革命と言えます。第一次から第三次までの産業革命は、技術の発展によって特徴づけられます（表1-2）が、第四次産業革命は、過去三度とは根本的に異なるかもしれません[4]。2030年代までには、機械の自

律性や柔軟性が極限まで高められ、人間にとって創造的でない仕事の機械による肩代わりが可能になると予言されています。

表1-2　産業革命

第一次 （十八世紀後半〜 十九世紀前半）	蒸気機関の登場：蒸気機関の発展とともに、鉄と繊維工業が中心的役割を担い、軽工業を中心として紡績機など機械が導入された。農耕・地方社会の工業化・都市化が進展した。
第二次 （十九世紀後半〜 二十世紀前半）	軽工業から重工業へ：重化学工業を中心に鋼鉄、石油、電気などの新しい産業が拡大し、電力を使い大量生産を行った。広範なエネルギーの利活用のインフラが整備された。
第三次 （二十世紀後半〜）	コンピュータの登場：アナログ回路や機械デバイスからデジタル技術への進歩で、パーソナルコンピュータ、インターネット、情報通信技術などにより、自動化・情報化が進み始めた。しかし、従来のアナログ的な道具の置き換えでしかなかった。
第四次 （二十一世紀 前半〜）	デジタル社会への変革：人工知能、モノのインターネット、ブロックチェーン、ロボット工学、ナノテクノロジー、生命工学など多分野における新しい技術革新が特徴である。デジタル革命を前提として、技術革新の新たな道が追求されている。

　第三次産業革命では、アナログ回路や機械デバイスからデジタル技術への進歩によって、パーソナルコンピュータ、インターネット、ICTなどにより、自動化・情報化が進み始めました。しかしながら、情報の所有や分析は人主体で行われていましたから、いかに人が効率的に情報にアクセスし活用できるかが重要視されました。あらゆる面で基本的には人による判断（情報収集・分析・提案・操作）が求められましたので、知識や情報が共有されず、

分野横断的な連携が不十分でした。人の能力には限界がありますから、多量の情報の中から必要な情報を見つけて分析する作業負担や、年齢や障害などによる労働や行動範囲に制約があり、十分な対応が困難でした。すなわち、第三次産業革命は、従来のアナログ的な道具の置き換えでしかなかったわけです。

　第四次産業革命は、「デジタル革命」ともよばれるように、人工知能（artificial intelligence, AI）をはじめ情報関連技術の革新が主役です。モノのインターネット（internet of things, IoT）によって、人間を含めた現実世界のあらゆるモノはデータ化され、ネットワークに流入します。多量のデジタルデータ（big data、ビッグデータ）として収集・蓄積され、その結果が現実世界へフィードバックされるサイクルが生まれます（図1-1）。ビッグデータとは、「多量性（volume）、多源・多様性（variety）、高頻度・高速度（velocity）の3Vのいずれか（あるいは全て）の情報資産であり、新しい形の処理を必要とし、意思決定の高度化、見識の発見、プロセスの最適化に寄与する。」と定義されています[5]。ビッグデータは、①国や地方公共団体が提供する「オープン・データ」、②企業等の暗黙知（ノウハウ）をデジタル化・

図1-1　DX社会

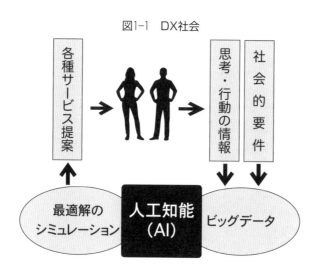

構造化したデータ、③多数のデータソースによって継続的に生成されるストリーミング・データ、④個人の属性に係る「パーソナル・データ」の4種類に分類できます。

　多量のデータ自体には必ずしも価値はなく、高度な情報処理能力と機械学習などの学習能力をもって、必要な時に必要な情報を提供できるシステムや仕組みとしてのAIによって、導き出されるさまざまな知見にこそ価値があります。したがって、第四次産業革命による社会は「AI駆動型社会」とも言えます。新型コロナウイルス感染症ワクチンが個人に投与可能となる時期について、AIによって予想できるようになったことは記憶に新しいでしょう。投与できる時期は、ワクチンの生産から輸送などの流通インフラのみならず、投与を受ける人の職種、年齢、居住地、既往症などの個人情報を含めた多種多様で複雑に絡み合った情報を総合的に整理して、最適解を判断しなければなりません（図1-1）。

　AIによるデータの分析結果が、今までにない新しい価値を産み出すことになり、イノベーションの源泉にもなります。AIの分析精度向上や利活用による新しい価値の産出には、データの量だけではなく、その種類や質が重要なポイントです。多種類でかつ高品質なデータを多量に保持することが、国や組織の競争力を左右し、それらのあり方や発展にも大きな影響を与えることになります。これが「データ主導社会」あるいは「データは二十一世紀の石油」と言われる所以です。DX社会では、ヒト、モノ、情報そして環境の間で「知の好循環」が産まれることが望まれており、これに応える高等教育でなければなりません。

　時代の変遷やテクノロジーの進化により、知識や技能をはじめ資格や職種のニーズは大きく変化します。これからは、若い時代に修得した知識、技能や資格が一生を保証することはあり得ません。一度得た資格等に満足するのではなく、社会の変化を察知するアンテナをもち、変化を先読みして柔軟に対応する能力が不可欠です。今取得した資格等は、最初の第一歩を踏み出すための武器にしか過ぎません。長い人生を生き抜くためには、その先のキャ

リアは自分自身で切り拓くという「逞しさ」を身につけさせることが、高等教育の責任です。

　DX社会の特徴を明確に理解するために、二十世紀以後の工業社会、情報社会およびDX社会の特徴を比較してみましょう（表1-3）。なお、前書[6]では、デジタル技術やデータを駆使して、人間は多様な想像力や創造力を発揮することが求められることから、DX社会を「創造社会」とよびました。

　工業社会では、工場で機械を用いて一定規格の製品を大量生産することによって、業務が標準化・マニュアル化され、経験により技能（いわゆる「暗黙知」）が高まる一方で、時間や空間に縛られた働き方を余儀なくされ、階層的構造の組織が構築されました（表1-3）。蓄積された経験に基づく知識・技術や技能を習熟する企業内教育訓練が、日本の生産性向上に大きく貢献した時代でした。

　情報社会では、ICTによる省力化・自動化が進み、製造業に加えてサービ

表1-3　工業社会以後の社会の特色

工業社会(二十世紀末まで)	情報社会(1980年代以後)	DX社会　(2050年)
・機械や設備に頼る肉体労働 ・業務内容の標準化・マニュアル化 ・均一性を前提とした生産 ・蓄積した経験に基づく技能習熟 ・現場中心の改善 ・組織は階層的構造	・ICTを活用した自動化・リモート化 ・技術革新や課題変化の速度が早まる ・求められるスキルが変化 ・知識や情報が急増、オープンイノベーション ・従来からの知識・経験の否定、破壊・非連続イノベーション	・情報社会が一層進化し、その特徴が顕著に ・定型的業務はAI・ロボットが代替・支援 ・社会の多様な課題やニーズに応えることへの期待 ・知識の共有・集約によって、新たな価値を産み出す ・多様な想像力とそれを実現する創造力が価値を産み出す

ス業が勃興し、人は時間や空間に縛られることなく働くことが可能となり、成果によって評価されるようになってきました。暗黙知ではなく、知識や情報が瞬時に共有されることによって価値が産まれ、従来の知識や経験が通用しなくなる非連続なイノベーションが起こり始めました。情報社会では、情報の共有や作業工程を分野ごとに分断し、高度にシステム化することによって、高品質化や効率化が大きく進展しました（表1-3）。しかし、労働力や行動範囲等、属人的な要素が多いために、少子高齢化による労働力の減少により、十分な対応ができなくなる懸念があります。この懸念は、今後ますます拡大することが予想されます。現在の労働集約型の業務や知識の集積に基づく業務は、人的リソースの減少が経済発展の限界に直結するわけです。

　情報社会からDX社会への変革は三段階あります。第一段階は、情報のデジタイゼーション（digitization、デジタル化）で、「アナログ情報をデジタル形式への変換」という技術的なプロセスです。画像、音声、物体等が一連の数字（二進数）で表現されます。1970年代から通信ネットワークに導入されて、通話音声、応答時間、費用対効果等の向上につながりました。デジタル化された原稿は、保管倉庫を必要とせず、データが必要となった際に、簡単な検索で過去のデータを取り出せるようになりました。すなわち、デジタイゼーションは、業務のデジタル化、効率化に寄与しました。産業や組織のデジタライゼーション（digitalization）が第二段階で、産業、組織、市場等で技術的に誘発されて組織プロセスやビジネスプロセスが変化することです。ペーパーレス事務プロセスや電子決済等が一例としてあげられます。教育界のデジタライゼーションは、eラーニングとMOOCs（massive open on-line courses）を産み出しました。これからの高等教育は、これらのオンライン学習を最大限に活用して、その質の向上を図る必要があります[7]。第三段階がDXで、「デジタライゼーションの社会全体への影響」と説明されています。すなわち、組織やビジネスの変革を推し進めて、社会や組織自体の風土の変革になります。

　DX社会は、AIやロボット等によって人的リソースを代替化・省力化する

もので、情報社会を基礎としていますが、質的には大幅に変化します。定型的業務はAIやロボットに代替が可能となり、経理、生産管理部門などの間接業務についても、ロボティック・プロセス・オートメーション（robotic process automation, RPA）の導入によって、定型的業務の自動化が図られます。テレワーク等の普及によって、人々は、時間の有効活用ができるようになり、新たな高付加価値の業務を行うことができるようになります。DX社会実現の鍵となるのは、IoT、ビッグデータ、AIそしてロボットです。これまでの情報社会では、情報の所有や分析を人主体（フィジカル空間）で行ってきたために、いかに効率的に情報にアクセスし活用できるかが重要視されてきました。すなわち、あらゆる面で基本的には人による判断（情報収集・分析・提案・操作）が求められていましたので、知識や情報が共有されず、分野横断的な連携が不十分でした。多量の情報の中から必要な情報を見つけて分析する作業負担や、年齢や障害などによる労働や行動範囲に制約があり、十分な対応が困難でした（表1-3）。しかし、DX社会では、ヒトに代わってAIが情報を集約・分析するため、いかにヒトに合わせて必要な時に、必要な形で、必要な分だけ提供できるか、ということが重要視されます。世の中の多様なニーズを読み取り、それを解決するためのビジネスを設計して、AIやデータの力を使って、それを実現することが求められます（図1-1 p. 6）。すなわち、想像力と創造力が必要となり、時間ではなく、成果や産み出された価値が評価されることになります。そのため、高等教育は、知識・技能の実装ではなく、それらを利活用できる能力の育成に重心が移ります。さらに、工業社会までは、相互に独立的あるいは対立的に発展してきた各社会セクターも、他の社会セクター等との間の相互参加や連携等により、DX社会に相応しい形で自らの存立基盤や独自性の強化を図ることが不可欠となってきます。換言すれば、DX社会は、資源やモノではなく、知識を共有・集約することによって、さまざまな社会課題を解決し、新たな価値を産み出す「知識集約社会（knowledge-integrated society）」と言えます（コラム1-2）。

> ### コラム 1-2
>
> 知識**基盤**社会から知識**集約**社会へ
> **DX社会**は、**創造性**、**個性**そして**能動性**に富む人材（**プロフェッショナル**）を渇望している。
> 専門職大学院・大学は、**多様なプロフェッショナル**を育成する責務がある。
> **プロフェッショナル**（professional）：職業としてそれを行う人
> 　・仕事全体に責任を負う。
> 　・仕事の生産性や成果によって評価される。
> **スペシャリスト**（specialist）：特定の分野について深い知識や優れた技術をもった人
> 　・仕事のある一部分を担当する。
> 　・仕事の正確さ、効率、件数等によって評価される。
> **エキスパート**（expert）：ある分野で訓練・経験を積み、高度な知識や技術をもった人

　従来からの大学教育は、主に知識・技能の実装、すなわちエキスパートやスペシャリストの育成[8]が中心でしたが、専門職大学院・大学には、知識・技能を活用して実務が遂行できるプロフェッショナルを養成することが期待されています。

第2節　産業構造の変革：第二次産業社会から第三次産業社会へ

　イギリスの経済・統計学者クラーク（C.G. Clark）は、産業構造を明らかにするために、産業を三つに分類しました[9]。農業、林業、鉱業、水産業など自然界に対して働きかけ、作物を作ったり、採取する産業を第一次産業としました。第二次産業は、自然界から採取した原材料を使って製品を製造・加工する産業で、製造業や建設業などの工業生産、加工業です。電気・ガ

ス・水道業も第二次産業に分類されています。第三次産業とは、第一次にも第二次にも当てはまらない産業で、情報通信業、金融業、運輸業、販売業、対人サービス業など非物質的な生産業・配分業です。この分類に基づいて、クラークは、実証分析によって、国民所得水準の上昇に伴って第三次産業の比率が上昇することを明らかにしたペティ＝クラークの法則（コラム1-3）を提唱しています。

コラム 1-3

ペティ＝クラークの法則
経済社会・産業社会の発展にともなって、第一次産業から第二次産業、**第三次産業への就業人口の比率および国民所得に占める比率が上がっていく。**

　日本では、鉱業は第二次産業に、電気・ガス・水道業は第三次産業に、それぞれ分類されています。わが国は、かつて農業、林業や漁業が盛んで、第一次産業が経済の中心でした。1950年頃から第二次世界大戦後の経済成長と技術の発展にともなって、第一次産業の時代から、「ものづくり」を行う第二次産業の時代へと移行しました。当初は、繊維業が第二次産業の中でも高い割合を占めていましたが、1955年頃からは、金属や機械を生産する重化学工業が急速に発展して、それまでの繊維業に代わるようになりました。

　日本の第二次産業は「加工貿易」によって発展したと言っても過言ではありません。加工貿易とは、原材料を海外から輸入して、それを加工して作った製品を輸出する貿易です。1950年代に入ると自動車の本格的な輸出が始まり、1970年代にはテレビやラジオなどの電気製品の輸出も増加しました。ところが、1980年代には急激な円高の進行や貿易摩擦の激化により、価格競争力を失った製造産業の主要部分は、主としてアジア地域内の人件費が安い国に工場を移転し、いわゆる「産業の空洞化」が進みました。そのため、国内の製造業などの第二次産業が衰退するという事態に陥りました。さらに、第一次産業についても海外から安価な農・畜産物が輸入されるとともに、農家

の高齢化と後継者不足などから生産量が激減しました。このように、第一次産業・第二次産業ともに減少傾向となり、1970年代後半以降は、第三次産業が発展しています。すなわち、全産業に占める第三次産業の就業人口構成比は、1950年の約3割から25年後の1975年には5割を超える水準に達しました。その後も増加を続け、2020年の全産業に占める第三次産業就業人口構成比は7割を超えています[(10)]。第三次産業は、今や、わが国の中核的存在となり拡大し続けていますが、事業の種類や内容は非常に多種多様です(表1-4)。商業から金融・保険業、運輸・郵便業、学術研究、教育事業、医療・福祉など、さまざまな業種が含まれます。

表1-4　第三次産業に含まれる業種・事業の例[(11)]

分類	業種・事業の例	分類	業種・事業の例
電気・ガス・水道業	電気事業、ガス事業、上下水道に関する事業	情報通信業	通信業、放送・新聞業、ソフトウェア業、インターネットサービス業、映像・音声・文字情報作成業
運輸・郵便業	鉄道業、旅客運送業（自動車や飛行機）、貨物運送業、倉庫業、郵便事業	卸売・小売業	卸売業（メーカーから商品を仕入れて、販売店等に提供する）、小売業（商品を消費者に販売する）
金融業、保険業	銀行業、貸金業、クレジットカード業、保険業、金融商品取引業	不動産・物品賃貸業	不動産の売買業、不動産の賃貸業、リース業
専門・科学技術、業務支援サービス業	研究機関、法律事務所、税理士事務所、広告業、獣医業	宿泊・飲食サービス業	旅館、ホテル、飲食店
生活関連サービス・娯楽業	理美容業、家事サービス業、冠婚葬祭関連業、映画館、スポーツ施設	教育・学習支援業	教育機関、学習塾、公民館、博物・美術館、動物・植物園、
保険衛生・社会事業	病院、保健所、福祉事務所	その他のサービス	廃棄物処理業、公務、政治・経済・文化団体

　第三次産業内でも業種の割合が、時代によって大きく変化しています。
1955年頃から約10年間は、卸売・小売業や不動産業が増加していましたが、
1970年代後半からは、知識や技能などを通じて相手に快適さや情報などを提
供する「サービス業」が伸び続けています。2005〜15年度の職種別の就業者
数の変化率をみますと、農林水産業や製造業では就業者数が減少する一方、
第三次産業の就業者数が増加しており、就業構造のサービス業化の流れが明
確になっています[12]。二十一世紀に入って、高齢化を背景に医療・保健、介
護等を含む保健衛生・社会事業に就職する人の割合が大幅に増加しています
（図1-2）。不動産業、情報通信業、専門・科学技術、業務支援サービス業等
で就業者が増加しており、ITの知識等をもった専門的・技術的従業者の増
加が寄与しているものと考えられます。一方、建設業、公務、金融・保険業
等では就業者数が減少しています。業種によって必要とされる能力が異なり
ますから、当然、求められる人材も異なってきます。就業構造のサービス業
化が進展に対応した人材養成が、高等教育にとって喫緊の課題です。

図1-2　第三次産業における就業者数の変化率（2005〜2015年度）

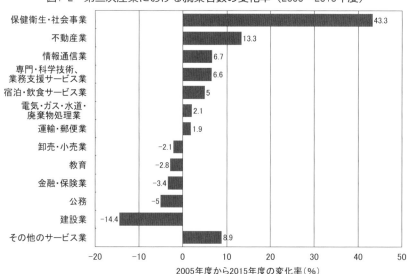

第3節　サービス産業の付加価値

　サービス業には、製造業とは異なる質（価値）の視点が入ります。製造業では、一般的に欠点がないこと（zero defects）が重視されますが、サービス業では、欠点を最小限にすることのみならず、顧客に不満がないという視点が重要となり、質の重点は顧客満足（consumer satisfaction）になります。情報機器やソフトウェアでは、適合性や汎用性の視点も重要です。

　わが国では、第2節でまとめましたように産業構造が大幅に変わっているにも拘らず、それに対応できる人材養成や労働環境の改善が進んでいないことが課題です。公共職業安定所（ハローワーク）における求人（需要）と求職（供給）の動向（2018年12月、12月以外も同じような傾向です。）を分析してみましょう[13]（図1-3）。有効求人倍率とは、ハローワークで扱った月間

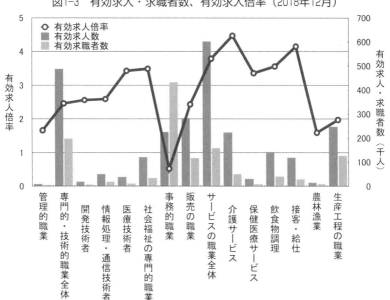

図1-3　有効求人・求職者数、有効求人倍率（2018年12月）

有効求人数（先月から繰り越した求人数に、当月新たに発生した求人数を合計した数）を月間有効求職者数（先月から繰り越した求職者数に、当月新たに発生した求職者数を合計した数）で割った値です。ここでいう「有効」とは、ハローワークにおける求職票や求人票の有効期限（ハローワークが求職票や求人票を受理した日の属する月の翌々月の末日）のことです。

　専門的・技術的職業およびサービスの職業では、大幅な求人超過となっており、人員不足が顕著となっています。とくに、介護サービスの職業は、約17万人の求人超過であり、人員の不足が最も大きくなっています。また、社会福祉の専門的職業、飲食物調理、接客・給仕等でも求人が多く、この図には記載していませんが、看護師、保育士、建設・土木技術者などの資格が必要な、より専門な業種についても求人が多くなっています[12]。ハローワークのデータには、民間ベースのデータは含まれていません。民間の転職情報サイト[14]では、IT関係の求人倍率が非常に高く、ハローワークでもソフトウェア開発技術者が3万人程度の求人超過であり、IT人材に対する需要が高いことが窺えます。

　逆に求職超過となっている職業は、事務的職業で、とくに約19万人の供給超過となっており、求人と求職の差が最も多い職業となっています[12]。一般事務が求職超過となっていることは、民間の転職情報サイトでも同様です。この労働需給のミスマッチは、わが国の国際的な存在感に多大な影響が懸念されます。専門職大学院・大学が、この状況の改善に貢献することが期待されます。

　第三次産業の大半を占めるサービス業では、上述のように、人手不足が深刻です。サービス業の人手不足は、労働条件・環境が原因と言われています。たとえば、飲食店の従業員では、正社員ではなく非正規雇用の労働者が多くなっており、正社員より低賃金ながらも仕事が大変であることも少なくありません。店の営業形態によっては、深夜勤務・不規則な就業時間を強いられるなど、過酷な労働環境の場合もあります。また、飲食業や宿泊業、運輸業などでは、年間休日が平均より少ないというデータもあります。もちろ

ん、社会的環境の変革も必要ですが、高等教育にはサービス産業を視野に入れた改革が求められています。

　二十世紀の日本は製造業（第二次産業）中心の工業社会で、終身雇用を前提とした企業内教育訓練が機能していました[15]。専門的・技術的能力は、この企業内教育訓練で高められていたかもしれません。しかしながら現在、6割以上の企業で教育訓練が実施されていないというデータ[16]がありますし、民間企業における一人当たりの教育訓練費は、1991年をピークに、それ以降減少傾向にあり、人的資本の蓄積にも不安を抱えています[17]。また、企業内教育訓練の対象は企業従業員であって、非正規雇用者や女性は対象外となっていました。今後は、専門職大学院・大学を中心とした高等教育機関が、わが国の能力開発に寄与する必要があります（コラム1-4）。

> ### コラム 1-4
>
> 専門職大学院・大学は、
> ①　かつての企業内教育訓練に替わって、**多様な能力開発**に貢献しなければならない。
> ②　**サービス産業の付加価値を高める**ことに貢献する必要がある。

　さらに、企業内教育訓練が実施できたのは大企業であって、中小企業では実施したくても、その余裕がなかったでしょう。サービス業については、大部分が中小企業であって、企業内教育訓練は、ほとんど実施されていなかったのが実情でしょう。急激に進む産業構造の技術革新に対応できる能力開発のあり方を根本的に考え直す必要があります。とにかく、社会的にサービス産業の付加価値を高めることが喫緊の課題であり、高等教育機関の責任は重大です（コラム1-4）。

　わが国の現状で、非常に憂慮すべきデータがあります[15]。経済協力開発機構（OECD）のAutomation and Independent Work in a Digital Economyに準じて、高スキル22職種を「管理職」「専門職・技師、准技師」など、中スキル22職種を「事務補助員」「サービス・販売従事者」など、低スキル22職

種を「定型的業務の従事者」などと定義して、日本、アメリカ合衆国、イギリスの三国の傾向を比較します[18]（図1-4）。三国とも、中スキル職種の就業者が減少し、低スキル職種、高スキル職種の就業者が増加するスキルの二極化の傾向にあります。しかしながら、日本は高スキル職種の上昇率が低い（「専門職・技師、准技師」が増加しているものの「管理職」が減少しており、全体としてはほぼ横ばい）のに対して、アメリカ合衆国とイギリスでは、低スキル職種と比較して、高スキル職種の上昇率が高くなっており、高スキル職種である非定型分析業務や非定型相互業務が顕著に増加し、1980年代以降その増加が加速しています。EU諸国でも同様の傾向が観られます[15]ので、わが国の高スキル職種の上昇率が低く、低スキル職種の増加が顕著です。

　前書[15]で指摘しましたように、日本人は、定型的な業務を実行する能力は優れています。教育内容・手法もそれに対応してきたと思います。しかし、DX社会では、定型的業務はコンピュータ等に任せて、私たち人間は非定型的な業務に挑戦しなければならない時代です。アメリカ合衆国やイギリスと比較して、わが国では、この意識が不十分であり、学び方・働き方改革が遅れています。国全体として、高スキル職種から低スキル職種の人材のバラン

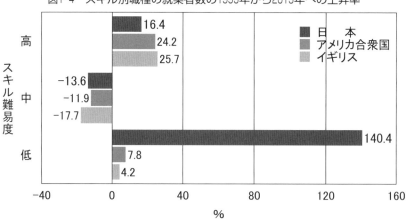

図1-4　スキル別職種の就業者数の1995年から2015年への上昇率

スが重要であり、わが国の危急の課題は、高スキル職種の人材養成で、専門職大学院・大学に対する期待が高まっています。

　従来の製造業の枠を超えて、最近ものづくりにサービスを加えることによって、顧客の需要を発見・創出を図る企業が出てきました[19]。これは、競争優位を得るための戦略だけでなく、持続可能な開発目標（Sustainable Development Goals, SDGs）やカーボンニュートラルへの取り組みとしても注目されています。しかし、ここでも課題はサービス人材の不足です。各企業内の教育訓練はサービス化のスピードに追いつかず、外部人材も豊富ではありません。さらに、高等教育機関におけるサービス人材養成プログラムの充実、衰退産業から成長産業への人材流動化、それに貢献するリカレント教育の推進など、一企業だけでは解決できない政策的課題も多数あります。これらの点で、欧米諸国と比較して、わが国は立ち遅れていると言わざるを得ません。

　サービス産業の付加価値向上に関する国内・国外大学の対応の差も懸念材料です。産業界の要望に国内の大学群が積極的に反応していない一つの例として、デジタル人材育成に言及しましょう。デジタル人材の中でも、とくに重視されているデータ・アナリスト養成は、わが国では従来の学部・学科の中で一部の教員が手がけています。要するに、タテ社会の中で対応しているわけです。これに対して諸外国では、多くの大学が当該領域に関する学科やコースとして、学生を輩出し成果をあげています。日本では、実務と教育内容の関係が強くないために（第二部第1章第2節　pp. 73-76）、大学の社会の動向に対する感度が低くなりがちですが、国全体の生産性低下につながっていることが懸念されます。

《注》
⑴　英語圏では接頭辞「trans-」は「交差する」という意味をもつことから、慣習として「X」と略することが多く、digital transformation は「DX」と略されることが多い。
⑵　Stolterman, E., Fors, A.C.（2004）"Information Technology and the Good

Life" https://www8.informatik.umu.se/～acroon/Publikationer%20Anna/Stolterman.pdf

⑶ 経済産業省（2018）DX推進ガイドライン　https://warp.da.ndl.go.jp/info:ndljp/pid/12109574/www.meti.go.jp/press/2018/12/20181212004/20181212004.html

⑷ Klaus, S.（2017）"The Fourth Industrial Revolution" New York, Crown Publishing Group. ISBN 9781524758875

⑸ 総務省　平成24年版　情報通信白書　https://www.soumu.go.jp/johotsusintokei/whitepaper/ja/h24/html/nc121410.html

⑹ 独立行政法人大学改革支援・学位授与機構編著『危機こそマネジメント改革の好機』大学改革支援・学位授与機構大学マネジメント改革シリーズ、ぎょうせい、2022年　pp. 4-13

⑺ ⑹　pp. 91-109

⑻ 独立行政法人大学改革支援・学位授与機構編著『高等教育機関の矜持と質保証─多様性の中での倫理と学術的誠実性』大学改革支援・学位授与機構高等教育質保証シリーズ、ぎょうせい、2019年　p. 19

⑼ 三菱総合研究所編（2008）『最新キーワードでわかる！日本経済入門』日本経済新聞社〈日経ビジネス人文庫〉　p. 203

⑽ 独立行政法人労働政策研究・研修機構　産業別就業者数　https://www.jil.go.jp/kokunai/statistics/timeseries/html/g0204.html

⑾ 第三次産業活動指数（経済産業省）および日本標準産業分類（総務省）を参考に著者が作成

⑿ 内閣府（2018）　多様化する職業キャリアの現状と課題（第2節）　https://www5.cao.go.jp/keizai3/2017/0118nk/n17_2_2.html

⒀ 厚生労働省　職業別一般職業紹介状況（平成30年12月）　https://www.mhlw.go.jp/content/11602000/G35-3012.pdf。コロナ禍以前のデータを掲載した。

⒁ 内閣府（2018）　日本経済の現状とデフレ脱却に向けた課題（第2節）　https://www5.cao.go.jp/keizai3/2017/0118nk/n17_1_2.html

⒂ 川口昭彦、江島夏実（一般社団法人専門職高等教育質保証機構編）『リカレント教育とその質保証─日本の生産性向上に貢献するサービスビジネスとしての質保証』専門職教育質保証シリーズ、ぎょうせい、令和3年　pp. 51-56

⒃ 厚生労働省　平成29年版　労働経済の分析─イノベーションの促進とワーク・ライフ・バランスの実現に向けた課題─　https://www.mhlw.go.jp/wp/

hakusyo/roudou/17/dl/17-1-2.pdf

⒄　首相官邸 (2018) 教育訓練に対する企業支出の状況　https://www.kantei.go.jp/jp/singi/seirousi/dai4/siryo3.pdf

⒅　⒃　p. 108を参考に著者が作成

⒆　戸谷圭子 (2022)「製造業のサービス化　現状と課題」SERVICE INNOVATION REPORT　vol. 27　Apr.　公益財団法人日本生産性本部　サービス産業生産性協議会（SPRING）p. 3

第2章

日本の国力低下の元兇は「懐古趣味」

　日本の国力低下が、最近、広く認識されるようになってきました。他の先進諸国と比較して、経済力・成長力が弱くなり、研究開発力も低下しています。新型コロナウイルス対策としての定額給付金の際には、先進国と比較して、わが国の行政・社会のデジタル化の遅れを痛感させられました。問題であることを理解しても、すぐには行動に移らないという鈍さが目立ち、時間が経過しても、それほど事態が改善しない状況が続いています。文句は言っても、自ら行動しないうちに、先進国の中で日本は相対的に貧しく（低賃金国）になりつつあります。経済的な問題ばかりでなく、たとえば、高等教育システムやジェンダーなど、DX時代の新しい課題に対する取組も遅れています[1]。

　このような国力低下が認識されると「昔は良かった」という決まり文句が必ず出てきます。かつて「ジャパン・アズ・ナンバーワン」と国際的に高く評価された時代を懐かしんで「失われた数十年」という言葉も登場します。しかしながら、第1章で議論しましたように、社会構造が根本的に変革しているわけですから、数十年前とは全く異なる視点からの多面的かつ根底的な議論が避けられません。

　課題に対応する組織さえあれば、問題が解決できるような錯覚が多いようです[1]。たとえば、デジタル庁を作れば、デジタル化の遅れが取り戻せると思い込み、どのようにデジタル化を進めるかという議論が進められているようには見えません。すなわち、何をすべきかの議論を深めないまま、新しい体制・組織に期待する「ハコモノ」の議論ばかりです。ハコモノが揃えば、好ましいDX社会が構築できるというのは、魔法の世界と言わざるを得ません。

　自分達が変わらない限り、世の中が変わることは期待できません。もちろ

ん、制度や組織について考えることも大切ですが、ハコモノの議論だけでは
なく、何をすべきかという目的・目標や具体的な行動に関する議論が不可欠
です。今までの居心地のよかった状況を夢見て衰退に向かうのか、可能性を
求めて冒険をするのかの議論が肝要です（コラム1-5）。直面している課題を
分析して、対処施策の目的・目標や、その作用・副作用の多面的な視点から
の議論が求められます。

コラム 1-5

DX時代の**価値の源泉**は、人の**想像・創造力**である。**多面的な議論を積
み重ねる**ことによって、**新たな未来を切り拓く**ことが必要である。

第1節　労働生産性の低落

　国の「経済的豊かさ」を国際的に比較する指標として、国民一人当たり国
内総生産（GDP）を用いることが一般的です。国民一人当たりGDPを各国
通貨からドルに換算する際は、変動が大きい実際の為替レートではなく、物
価水準の違いなどを調整した購買力平価（purchasing power parity, PPP）
レート[2]を利用します。

　経済協力開発機構（Organisation for Economic Cooperation and Develop-
ment, OECD）に加盟する38カ国の国民一人当たりGDP（2020年）は、ルク
センブルグが第1位（＄118,726）で、アイルランド（＄95,513）、スイス
（＄71,705）、ノルウェー（＄63,293）、アメリカ合衆国（＄63,285）が上位
に並んでいます[3]。日本の国民一人当たりGDP（＄41,775）は、OECD加盟
38カ国中23位でした（図1-5）。これは、アメリカ合衆国の三分の二程度に相
当し、イタリア（＄41,964）やチェコ（＄42,044）などと同水準です。OECD
平均（＄44,986）と比較すると、日本の国民一人当たりGDPは、1990年か
ら2007年まではOECD平均を上回る状況が続き、1996年にはOECD平均を
15％近くも上回っていました。しかしながら、2000年代後半からOECD平均

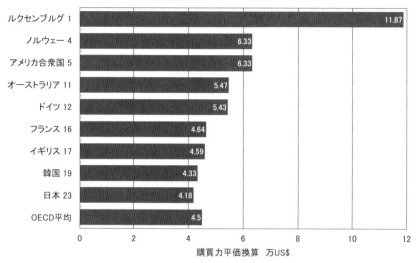

図1-5　OECD加盟諸国の国民一人当たりのGDP[4]

購買力平価換算　万US$

を下回るようになり、2010年代後半以降は、OECD平均の9割を少し超える水準で推移しています。

　主要先進諸国の国民一人当たりGDPの順位の変遷（図1-6）を比較すると、日本の順位の低落が顕著です。1996年にはOECD加盟国中5位にまで上昇し、主要先進6カ国の中でアメリカ合衆国に次ぐ水準になったこともありました。しかし、バブル崩壊（1991～1993年）から経済が停滞し始めた1990年代後半から国民一人当たりGDPも伸び悩むようになり、徐々に他の主要国に後れをとるようになりました。そして、2000年代に入ると主要先進6カ国の中でも下位となり、OECD加盟国全体の中でも、2020年にはOECD加盟38カ国中23位にまで落ち込みました（図1-5）。これは1970年以降で最も低い順位となってしまいました。これに対して、ドイツは対照的です。ドイツも東西ドイツの統一によって、一時的に順位を下げましたが、2010年以後は回復しています。

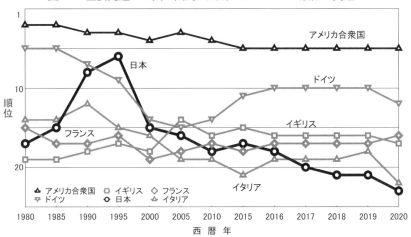

図1-6　主要先進６カ国の国民一人当たりのGDPの順位の変遷(5)

　国民一人当たりGDPとして表される「経済的豊かさ」を実現するには、より少ない労力でより多くの経済的成果を生み出すことが肝要です。これを定量化した代表的な指標の一つが「労働生産性」です。人口減少や高齢化が進む日本では、就業者数の増加や就業率の改善が期待できなくなったとしても、働く人の能力向上や経営能力の改善などによって労働生産性が向上すれば、経済は成長し、国民一人当たりGDPも上昇します。すなわち、持続的な経済成長や経済的豊かさを実現するには、労働生産性の上昇が重要な要因となります。そこで、労働生産性の観点から、日本の国際的な位置づけを分析してみましょう。

　労働生産性は、就業者一人当たり、あるいは就業１時間当たりの成果（付加価値額や生産数量、売上など）として計算されます。国際的比較のためには、成果を付加価値（国レベルではGDPに相当）とする方式が一般的に行われます。2020年の日本の就業者一人当たり労働生産性（＄78,655）は、OECD加盟38カ国の中で28位（OECD平均の78％程度）で、アメリカ合衆国（＄141,370）の56％程度になります（図1-7）。わが国の水準に相当するの

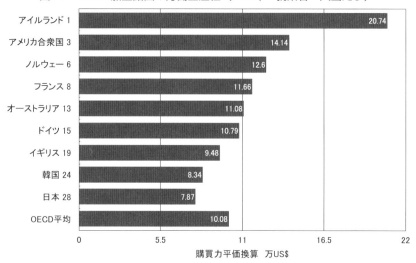

図1-7　OECD加盟諸国の労働生産性（2020年・就業者一人当たり）[6]

は、ポーランド（＄79,418）やエストニア（＄76,882）などの東欧圏の国々です。西欧諸国の中で比較的低いイギリス（＄94,763）やスペイン（＄94,552）等とは大きな差があります。さらに、主要先進6カ国の中でも就業者一人当たりの労働生産性の順位が年々下がり、他国との格差が拡大していることが懸念されます（図1-8）。

　上記は、全産業の労働生産性の結果ですが、製造業に絞っても日本の低落は顕著です[3]。2000年までは、わが国の製造業の労働生産性水準は、OECD諸国の中でトップクラスに位置していました。ところが、2000年代に入って2005年が9位、2010年が10位へと年々低落が続き、2015年以降は、15～18位に低迷しています（表1-5）。

　さらに懸念されることは、上位の各国では生産性が大きく上昇しているのに対して、わが国では、2000年以降ほとんど上昇していないことです。アイルランドは、1990年代後半から法人税率を12.5％と比較的低く設定したことによって、GoogleやAppleなどのグローバル企業の欧州本部、Meta（Face-

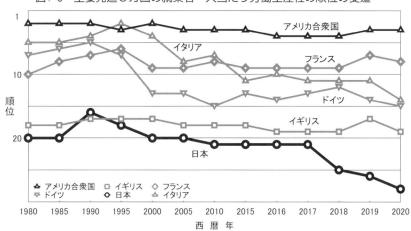

図1-8　主要先進６カ国の就業者一人当たり労働生産性の順位の変遷[7]

表1-5　日本の製造業の労働生産性水準の国際的変遷

	1995年	2000年	2005年	2010年	2015年	2019年
1位の国	日本 （$89,657）	日本 （$86,184）	アイルランド （$154,280）	アイルランド （$229,699）	アイルランド （$537,946）	アイルランド （$573,616）
2位の国	スイス （$87,375）	アイルランド （$84,860）	スイス （$124,360）	スイス （$165,273）	スイス （$189,177）	スイス （$204,444）
日本の順位	1位	1位	9位 （$94,748）	10位 （$111,064）	17位 （$93,568）	18位 （$95,852）

bookを展開）の国際本部をはじめ多くの企業が欧州事業の本社機能をアイルランドに置き、欧州での利益を計上しています。スイスは、職業訓練の質等を考慮したスキル、賃金水準等を考慮した労働市場、研究開発活動等を考慮したイノベーションを実施し、これが高い労働生産性につながっています。実際、時計に代表される精密機械や、医薬品、食品、エンジニアリングなどのグローバル企業が本拠を構えているだけでなく、数多くの中小企業によって構成される産業クラスターがスイス各地に形成されています。これらの国々に対して、日本の現状は、グローバル化や研究開発などのイノベー

図1-9 主要先進６カ国の時間当たり労働生産性の順位の変遷[8]

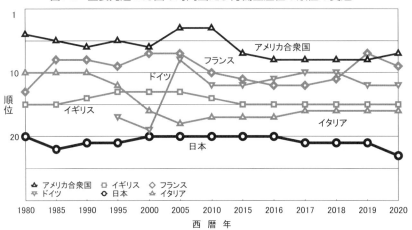

ションに対する取組に課題を抱えていると言えます。

　時間当たりの労働生産性の国際比較データ（図1-9）をみると、わが国は長時間労働でしたから予想できる結果ではありますが、働き方改革の意識変革の重要性が認識できます。ドイツは国内に製造業を多く抱え、わが国と類似した産業構造を有していますが、１時間あたりの労働生産性が８位であり、主要先進国の中でもアメリカ合衆国に次ぐ順位に位置するなど、高水準の労働生産性となっています。ドイツでは、労働者が所定時間内で業務を終わらせる文化が根づいており、それが高い労働生産性につながっています。短時間で業務をこなす意識改革が重要と言えます。

　アメリカ合衆国は、欧州など他の地域に比べて、ICT関連の投資額が高いだけでなく、その技術を使いこなすための情報環境や人材育成など、無形資産にも積極的な投資を行っています。そうした無形資産投資が、労働者のスキル向上や組織改革を促進し、ICT活用の効果を高めています。もし、わが国がアメリカ合衆国と同程度の労働生産性が確保できたと仮定すれば、予測されている人口減少は、十分カバーできることになります（コラム1-6）。

> **コラム 1-6**
>
> 日本がアメリカ合衆国と**同程度の労働生産性**が確保できれば、予測され
> **ている人口減少による経済活動等への影響は解消**される。

　このような状況を打開するためには、意識改革とともに、付加価値の高い
事業を創造し、経済を活性化し労働生産性を上昇させる必要があります。こ
のためには、イノベーションが非常に重要な役割を果たします。日本では、
新しい産業や高賃金の雇用を創出するイノベーションがあまり産み出されて
いないという指摘[9]もありますが、高等教育が大きな責任をもっています。
具体的には、第3章、第二部および第三部で議論します。

第2節　研究開発力の低下

　バブル崩壊後の日本企業が基本的な仕組みの転換ができずに没落している
「経済の失敗」と並行するように、大学や学術も、大戦後から機能してきた
仕組みが限界に達し、長期的ビジョンを欠いた小手先の改革に終始し、世界
的な変革に対応できない状況に陥っています。その結果、イノベーションを
支えるべき教育力や知的創造力（研究開発力）が低下しています[10]。今世紀
に入ってから、日本の学術国際競争力の後退が、多くのデータから顕著に表
れています。とくに、理学工学系や生命科学分野に代表される自然科学分野
においては、基礎科学だけでなくその応用技術分野においても顕著です。

　多数のデータの中から、科学研究活動の主な成果公表媒体である論文に着
目し、日本および主要国の科学研究のベンチマーキングを多角的な視点で
行った分析の一部を紹介します[11]。国単位での科学研究力を把握する場合
は、「論文の生産への関与度（論文を生み出すプロセスにどれだけ関与・参
画したか）」と「論文の生産への貢献度（論文1件に対しどれだけ貢献をし
たか）」を把握する手法があります。前者は整数カウント法、後者は分数カ
ウント法により計測します（表1-6）。論文生産への関与度をみる整数カウン

ト法、貢献度をみる分数カウント法いずれでも、論文数（量の指標）における日本の世界ランクは、2000年代半ばから低下しています[11]。

　量だけではなく、質も考えなければなりません。公表された論文が当該分野におけるインパクトの程度を推測できる指標が、その論文の被引用状況を示すTop10％・Top1％補正論文数[12]です（表1-6）。全分野のTop1％論文の1980年代からのランキングの推移を示しました（図1-10）。この図は、分野によって多少の差はありますが、ほとんど全分野にわたって、日本の出版総論文数やTop10％論文数[10]は低迷しており、多くの統計的指標も日本の学術・研究力の後退を示唆しています。

　わが国では、1990年代初頭から、大学院重点化や国立大学法人化等、高等

表1-6　論文数のカウント方法（整数カウントと分数カウント）

	整数カウント	分数カウント
カウントの方法	・国単位での関与の有無の集計 ・たとえば、日本のA大学とB大学、アメリカ合衆国のC大学の共著論文の場合、日本もアメリカも、それぞれ1件と集計。論文1件が、複数の国の機関が関わっていると複数回数えられる。	・機関レベルでの重みづけして国単位での集計 ・たとえば、日本のA大学とB大学、アメリカ合衆国のC大学の共著論文の場合、各機関は1/3と重みづけし、日本2/3件、米国1/3件と集計。
論文数をカウントする意味	「世界の論文の生産への関与度」の把握	「世界の論文の生産への貢献度」の把握
Top10％（Top1％）補正論文数をカウントする意味	「世界で注目度の高い論文の生産への関与度」の把握	「世界で注目度の高い論文の生産への貢献度」の把握

教育研究機関の改革が、次々に実施されてきました。さらに、総合科学技術・イノベーション会議（Council for Science, Technology and Innovation, CSTI）をはじめとする科学技術振興のためのさまざまな施策が打ち出され、研究資金の提供に関わる政策も大きく変化しました。このように、科学技術立国をめざすための多様な政策が実施されたにも拘らず、学術国際競争力の凋落傾向は改善されないばかりか、むしろ近年は加速傾向にあります。このような状況に対して、「改革を促せば促すほど、日本の大学の研究力・教育力は低下した。」と揶揄されています[14]。

　明治時代の帝国大学に入学した学生は、社会のごく一部の知的エリートであり、「学術の蘊奥を究める。」という目的が一般的に受け入れられていました。しかし、高等教育の大衆化の中で、大学の役割は、学問を究めることよりも、有用な職業人を育てることに変化しました。「学問の蘊奥」と「職業人の育成」との間には、マネジメントや教職員の対応には大きな差がありますが、日本の大学は、両者の差を明確には認識しないまま二兎を追い続け

図1-10　全分野のTop1%補正論文数（整数カウント）の世界ランクの変遷[13]

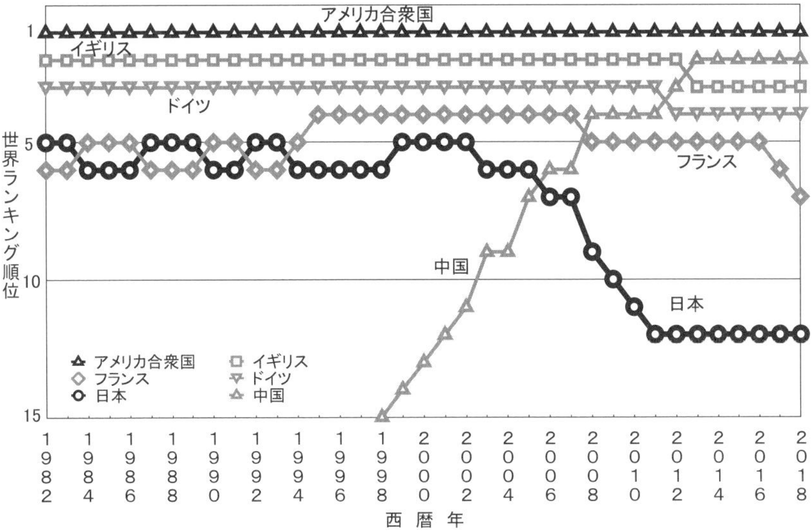

図1-11　Top10%論文数（2010-2015年）の分野別国際シェアの主要国順位⁽¹⁵⁾

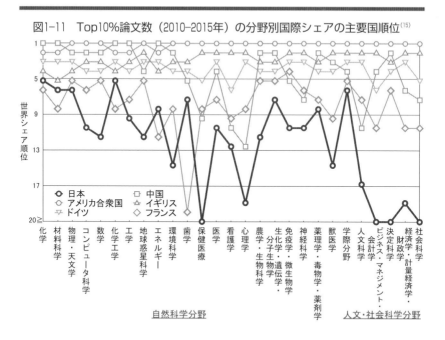

て、いずれの機能に対する対応も果たせなくなったのが現状でしょう。海外
の大学は、このことを認識した対応していましたから、これがわが国の大学
の研究開発力の低下の要因の一つであったと思われます。上述のように多く
の政策が打ち出され、とくに1990年以降は新自由主義の下での「規制緩和」
でしたから大学に決定が委ねられました。いくつかの「大学の失敗」は基本
的には大学自体の内部構造や認識から生じたものです。何らかの外部からの
強圧的な力が「大学をダメにした。」わけでは決してありません。

　第二の懸念材料は分野間のアンバランスです。人文・社会科学や自然科学
の全分野に関わる科学技術の国際競争力の推移を把握するために、主要6カ
国（日本、中国、アメリカ合衆国、イギリス、ドイツ、フランス）のTop10%
論文数の国際シェア順位を分野ごとに比較⁽¹⁵⁾します（図1-11）。わが国は、
他国と比較して、人文・社会科学分野に低い順位が目立つ上に、自然科学分
野でも分野によって国際的な評価に大きな差があります。このような分野に

よるアンバランスは、他の先進国にはみられません。現在の社会の多様な課題に対処するためには、文系や理系という枠組みを超えた分野横断的な知識や技能が不可欠になりますから、国全体としてのバランスが重要な要素となります。厳しい財政状況の下で、限られた資産を「選択と集中」によって、成果をあげていくことは重要です。しかしながら、過度な選択と集中が、多様な研究の土台を揺るがし、わが国の研究力の国際的地位の低下につながっていることは否定できません。どのような研究や発想が画期的な成果をもたらすかを予測することは難しいことですが、長期的展望に立って、研究の芽を育んでいくことが重要であり、このことを社会に納得させることも研究者の責務です。

　日本の高等教育機関が直面している重要課題の一つが、大学院とくに博士課程が脆弱であることです。とりわけ人文・社会科学の分野での博士課程教育は、課程数あるいは学生数のいずれからも発達していない分野です。かつて、将来の研究者を養成することが大学院の唯一機能であったために、大学院課程が小規模になっていました。このため、多くの日本の学生が欧米の大学院に留学していました。最近は、日本の大学院も拡充の傾向にはありますが、優秀な学生の中には海外で学ぼうと考える者も多いようです。

　日本社会は、組織と組織の間に壁を作り、それぞれの内部で部分最適化を図る傾向があります。各々の壁の内部では円滑な組織運営が行われているかもしれませんが、異なる複数の組織が連携して活動しようとすると、効率の悪い仕組みとなっています。大学をはじめ高等教育機関もこの例外ではありません。日本の社会も高等教育機関も、いまだに多数のムラがタテにつながった仕組みのままです。それぞれの専門、学科、学部、大学等に閉じ籠る構造になっています。すなわち、日本の大学は、教員中心の垂直的閉鎖系となっています。大部分の学生は、卒業研究を行った研究室の大学院修士課程・博士課程に進学します。もちろん、例外はありますが、ほとんどの学生は自分のムラの中で最適解を求めようとするのです。このようなタテ社会[16]が、残念ながら日本の研究開発力低下の原因の一つではないかと思われま

す。著者がハーバード大学に留学した時に目撃したのは全く異なる状況で
す。ハーバード大学大学院には、全米（あるいは全世界）の大学の卒業生が、
厳しい試験（筆記試験とインタビュー）を経て入学します。したがって、大
学院にハーバード大学卒業生は、ほとんどいません（少なくとも著者の周囲
にはいませんでした）。

　上記では、論文数の国際シェアの低下を中心に議論しましたが、研究分野
の変遷にも課題が窺えます。主要国における研究領域タイプ（サイエンス
マップ）に関する世界の動向を観ますと、スモールアイランド型領域（小規
模で入れ替わりが活発な領域）が40％を占めるのに対して、わが国では、コ
ンチネント型（大規模で入れ替わりが少ない領域）のシェアが高く、スモー
ルアイランド型のシェアが低いと指摘されています[17]。大型プロジェクトの
中で研究を進めることは楽かもしれませんが、それではわが国の研究開発力
は低下していくことは明確になっています。電気・情報工学分野の学術研究
団体（Institute of Electrical and Electronics Engineers, IEEE、世界最大規
模の工学系学会）における学術的・社会的研究テーマの世界的トレンドに注
目します。世界では2000年代に入ると、情報通信分野（コンピュータ、通信、
信号処理）の文献が急増しているのに対して、わが国では、1980年から2008
年に至るまで、電気電子分野（磁気学、フォトニクス、電子デバイス）の文
献数が多く、情報通信分野は少ない傾向が続き、各領域の文献数に大きな変
化は見られません[17]。社会の変化に対応し多様な分野を視野に入れた柔軟性
が重要であり、二十世紀の「懐古趣味」に浸るのではなく、新たな分野に挑
戦する姿勢が求められます（コラム1-7）。

コラム 1-7
「画一的な選択と集中」から「多様化への挑戦」への変革の時代

　多様な研究開発能力育成のためには大学院教育が重要な役割を担う必要が
ありますが、日本の大学院教育の課題については、前書[10]をご参照ください。

第3節　低学歴社会

　高等教育機関への進学率［高等学校卒業（もしくは同等の課程を修了）後、大学等へ進学した者の割合］（2021年度）は、大学54.9%、短期大学4.0%、高等専門学校0.9%、専修学校24.0%でした[18]。この大学進学率は過去最高となりましたが、この数字は世界の中では決して高いものではありません（表1-7）。

表1-7　大学・大学院進学率の国際比較[19-21]

順位	大学進学率		大学院進学率
	大学進学率 2019年　OECD資料	大学相当の教育機関進学率*1 2020年　UNESCO資料	修士課程レベル 2019年　OECD資料
1	ギリシャ　67.6%	ギリシャ　148.5%	フランス　38.6%
2	ベルギー　63.9%	オーストラリア　116.0%	ポーランド　31.0%
3	ポーランド　63.8%	トルコ　115.0%	ノルウェー　27.6%
4	スロベニア　63.7%	マカオ　113.0%	ベルギー　27.2%
5	オーストラリア　58.9%	グレナダ　104.5%	ポルトガル　27.1%
日本の順位	OECD加盟38カ国中14位（54.4%）	153カ国中49位（64.1%）	OECD加盟38カ国中29位（5.5%）

*1 国によって、2020年から2018年のデータが混在する。

　世界主要国の大学進学率（OECD資料）は、25歳未満年齢層における入学者の各年齢別人数とそれに対応する各年齢別人口により算出された値で、短期大学相当の大学は含まれず、初めて大学に入学した者のみ対象で再入学者、編入者および留学生は含まれません。大学相当の教育機関進学率（日本の大学・大学院、短期大学などに相当）（UNESCO資料）は、年齢には係わらず大学への総入学者数を単純に大学入学適齢人口で割った比率です。したがって、大学への入学者総数には浪人など適齢年齢以外の入学者や外国から

の留学生も含みますから、大学入学適齢人口で単純に除した場合、100％を超えることもあります。すなわち、一人の人が複数回大学に入学していることを示唆しています。

　世界主要国の大学院進学率（OECD資料）は、日本の修士課程レベルの教育プログラムへの進学を示しており、大学卒業後に進学する場合のほか高校から直接六年制プログラムに進学する場合も含まれています（表1-7）。30歳未満年齢層における入学者数の各年齢別人数とそれに対応する各年齢別人口に算出された値で、初めて大学院に入学した者のみ対象で再入学者、編入者および留学生は含まれません。大学院進学率をみると、日本の課題が明確になります。世界の主要国で最も大学院進学率が高いのはフランスで、ポーランド、ノルウェー、ベルギー、ポルトガルと続きます。一方、日本はOECD加盟38ヵ国中29位で、大学への進学に比べて、大学院への進学が主要国でも非常に少ない国の一つです。ここから、わが国の「低学歴化」が危惧されています[22]。

　「低学歴」の第一の論点は、人文・社会科学系の大学院修了者（修士課程および博士課程）が日本だけ圧倒的に少ないことです（詳細は、第二部第1章第1節、pp. 68-72）。大学卒業者のうち、大学院修士課程（および専門職学位課程）に進学するのはおよそ1割程度です。出身学部の分野別に見ると、理学40.3％、工学35.6％、農学22.7％に対し、いわゆる「文系」（人文科学4.1％、社会科学2.2％）における進学率が極めて低くなっています[18]。この文系の修士号・博士号保有者の少なさは、多様性が求められるDX社会における国力低下に影響していると思われます。日本社会が大学院での経験をあまり重視しない状況にあります。これに対して、欧米では、修士号や博士号をもっている人は学部卒の人に比べて、初任給だけでなく、その後のキャリアにもかなりの差があります[23]。とくに経営学などのビジネス系や教育系では、修士号や博士号をもつことに強い経済的なメリットが表れています。わが国では、研究目的で大学院に進学するケースが多く、教育体制もそのようになっています。欧米では、大学院での学びを実務でのキャリアに生かす目

的で進学するケースが多く、修了者は実務の社会で活躍しています。大学院側（あるいは教員）も、そのような学修者のニーズに沿う教育を提供しようという意識を強くもっており、それが教育プログラムに反映され、成果が得られています。わが国の高等教育の最大の課題は、DX社会で高度化する実務に対応できる大学院の充実です（コラム1-8）。

コラム 1-8

実務を視野に入れた大学院教育プログラム（とくに人文・社会科学系）の開発が急務である。これこそが、日本の**国力回復への貢献**が期待される。

　第二の論点は、「学歴」そのものの考え方です。日本では、「学歴」は、「○○大学□□学部出身」と一般的に学校卒業経験に閉じて定義されており、一部の職業を除き、特定の職業資格とほとんど関係がありません。このように、学歴と仕事との関係がきわめて希薄化され、学歴は仕事の内容に結びつけられるものではなく、いわゆる「レッテル」として機能してきました。これに対して欧米では、職業資格が職種と職位の組み合わせによって定義され、職業資格と学歴との対応関係が視えます[24]。「学修者本位の教育」の視点から大学や学修者本人が社会に向かって発信しなければならない内容は、個々の学修者がどのような職務遂行能力を獲得できているかという情報です（表1-8）。今までの大学や学修者は、このような情報を発信していません。そのため社会は学修成果ではなく、ブランドや入口（入学試験の偏差値）で大学を判断してきたわけです。専門職大学院・大学には、学修者の職務遂行能力に関する評価を積極的に発信すること、そして学修者には自分が身につけた職務遂行能力を社会に向けて説明し理解してもらえることを期待します。この情報が不明確であれば、社会は、その学修者を「高学歴」とは決して判断しません。学修者の能力を理解するためには、学位名だけでは不十分ですから、諸外国で発行されているディプロマ・サプリメント[25]（diploma supplement）が必要でしょう。

表1-8　専門職大学院、専門職大学、専門学校の機能分担

専門職大学院：職務遂行能力の育成（スペシャリスト、プロフェショナルの養成） ・知識・技能 ・人間力（批判的・創造的思考力、判断力、表現力） ・主体的に多様な人々と協働して学ぶ態度・力量（主体性、協調性、協働性）
専門職大学：職務遂行能力基礎の育成
専門学校（エキスパート、スペシャリストの養成） ・知識・技能の習得 ・資格の所得

第4節　「挑戦」を評価し「質」を重視する文化の醸成

　DX時代を迎えつつある中で、日本の地盤沈下が顕著になってきたことは、第1節と第2節（pp. 4-14）で解説しました。二十世紀までの工業社会（表1-3　p. 8）では、タテ社会構造が有効に機能して、わが国の国際的存在感が確立されました。しかしながら、この残像から脱しきれていないのが現状でしょう。グローバル化・多様化が急速に進むDX社会では、ヨコ社会の発想が不可欠です（コラム1-9）。このことは、労働生産性や研究開発力の高い国々の状況をみれば疑問の余地はありません。

コラム 1-9

組織間に壁を作り、それぞれの内部で**部分最適化**を図る**タテ社会**の発想から脱却して、異なる組織間で個別利害を超えた**横断的な人材流動**の回路を備えた**ヨコ社会**の構築が急務である。

　わが国の国力低下が共通認識となり、「このままではいけない。変わらなくてはいけない。」という危機感が、最近、多くの人々の中に芽生えてきた

ことは事実です。しかしながら、この危機を乗り切るためには、日本人の意識改革が不可欠です。

　日本人は、一般的に、「危機」と聞くと、「何か悪い結果を招く危険なもの」と考える傾向があります[26]。このため、可能な限り、危機を避けるように（現状維持を求めて）行動します［危機回避、防衛的悲観主義（defensive pessimism）］。この結果、日本社会には「無難に」という発想が溢れています。職場や学校でも、人と話す時でも、あらゆる場面で可能な限り危機が最小となる方向に行動を律する傾向があります。これに対して、欧米社会では、「計画された行動は、より大きな成果が期待できる。」とし、この挑戦行動を高く評価します。すなわち、「成功」にかける発想が重要視されます［危機挑戦、戦略的楽観主義（strategic optimism）］。

　両主義は、ブレーキ的機能とアクセル的機能の関係にあり、二つの機能が適切に働くことが肝要です。人間の脳は、願望や欲求を満たすための「アクセル的機能」と、それらを抑制する「ブレーキ的機能」の二つの働きによってコントロールされています。アクセル的機能は、人間が生まれた時から本能を司る脳の部分です。ブレーキ的機能は、成長の過程で人間が身につけていくものです。「組織の和」の精神の根幹となっているのが脳のブレーキ的機能であり、これが日本人の行動パターンの基準となってきました。社会構造の大変動への対応は、「無難に」だけでは切り抜けられません。アクセルを踏み込んで危機を突破することによって、新しい展望が開けてくるはずです。

　両主義者の差は、脳科学的知見から、セロトニン（脳内にある神経伝達物質）の分泌量に関係すると考えられています。セロトニンが十分あると安心感・やる気につながり、少ないと不安感やイライラの原因となります。セロトニン分泌量は、これを運搬するセロトニントランスポーターの遺伝子型に依存しています。日本人では、セロトニンを少量しか運べないSS型が7割近くを占め、多量のセロトニンを運べるLL型は数％しかありません[27]。このため、日本人は不安に敏感な民族と言われています。だからこそ、雇用不安とは無縁の終身雇用が根づいたのかもしれません。

　このように、日本人の遺伝的な性格にまで及ぶ非常に難しい課題です。さりとて、国力の低下を座視するわけにはいきません。今考えるべきは、新たな課題に「挑戦」する行動を評価する文化の醸成でしょう。意欲と能力のある学生が、それぞれの組織(学部や大学、さらには国家)の壁を乗り越えて、その興味や才能を伸ばしていける環境の構築が求められます（表1-9）。

表1-9　ヨコ社会への大学変革

・イギリスなどの大学には、「カレッジ（college）」という中世の大学からの伝統が根づいている。カレッジでは、学寮（dormitory）が重要な役割を果たしている。ここでは、教員と学生あるいは学生間の議論が活発に行われており、学生の学修に大きく貢献している。
・日本の大学は、このカレッジの伝統が脆弱であり、「教員は教える人」「学生は学ぶ人」という意識が根強い（タテ割り閉鎖系）。これが、わが国大学の研究力・教育力低下の原因ではないであろうか？　新しい教育研究は、横断的で自由な議論から産まれる！！！
・ネットワーク化、グローバル化そしてDXが進展する中で、ヨコ社会の大学に生まれ変わるチャンスではないであろうか？　コロナ禍というパンデミックは、チャンスである！！！
・教員は、自分の知識・技能を伝授する「教える人」ではなく、「育てる人」という意識が重要！！！

　日本の教育では、学生全員を同じように等しく底上げしようという意識が強いと思われます。多様性が強調され、価値を測るモノサシが多様化している現在、この考え方には疑問をもちます。全ての人を底上げしようという考え方からは、減点主義が強くなります。その結果、競争意識よりは無難に「皆で仲良くゴールイン」という意識になってしまっています。もちろん、競争意識ばかりを強調するつもりはありませんが、個々人が自律的に自らの目標に向かって進み、その成果を競い合うことが肝要ではないでしょうか。異なる評価のモノサシで、それぞれの成果を評価すればいいのです。一人ひとりの付加価値の向上こそが、国あるいは組織の変革につながることを忘れ

てはいけません。国や組織から与えられる職務をこなしていれば済む時代は、とっくに終わっていることを認識する必要があります。

　入学試験で選別された18歳を中心とした均質的な入学者に対して、4年間での卒業を前提としたメニュー（学年別に設計されたカリキュラム）に基づいて教育を施し、一斉に卒業させ、新卒での就職を勧める……という日本では至極当然と思われているパターンは、世界では決して当たり前ではありません。現在のわが国のシステムが「持続的」ではないことは、第2節（pp.29-34）で記述した研究開発力の低下からも明らかです。今や「昔は良かった」という懐古趣味を捨てて、グローバル化が急速に進むDX時代に対応できるシステムへの「挑戦」が待たれます。

　「質」の文化の必要性については、一例をあげます。政府が働き方改革（2016年）を打ち出して以降、日本企業は長時間労働の是正など「働きやすさ」の面では改善が進みました。厚生労働省によると、常用労働者一人当たりの年間総実労働時間（事業所規模5人以上）は、2020年には1621時間となり2015年と比較して6.5％減[28]、年次有給休暇取得率も47.6％（2015年）から年々増加し、2021年には56.6％となり[29]順調に働き方改革が進んでいる印象です。ところが、働きがいを感じる（会社を信頼して貢献したいと考える）社員の割合は、日本が56％で、世界平均を10ポイント下回り、23カ国中、過去6年にわたり最下位が続いています[30]。この調査は、アメリカ合衆国の人事コンサルタント会社が2020年〜21年にグローバル企業約600社を対象に行った結果ですが、他の調査でも同様の結果が報告されています。この背景には、「日本企業の組織運営の改革遅れがある。」と指摘する専門家が多く、「上意下達の組織風土や年功序列によるポスト滞留など、旧来型の日本型経営が社員の働きがい低迷に影響している。」と分析されています。

　このように、労働環境は改善されているかもしれませんが、働き手の仕事に対する充実感や達成感が高まっていないことが明らかです。生産性向上や技術革新に向けて働き手の働きがいをいかに高めるかが今後の課題です。「社員の働きがいは企業業績にも影響する。」という調査結果も公表されて

います⁽²⁹⁾。すなわち、目標数値（量）が達成できればいいのではなく、質の向上が伴わなければ無意味であることを認識すべきです（コラム1-10）。今や「働き方改革」から「働きがい改革」への転換が必要です。換言すれば、「量」や「効率」を追い求めるだけでなく、「質」や「効果」を重視することが大切です。このことを社会に理解してもらうための活動は、高等教育関係者の責務です。

コラム 1-10

「**働き方改革**」は達成された状況の中で、「**働きがい改革**」への転換が必要である。

《注》

⑴　飯尾潤（2022）『政治論議の求められるもの』学士會会報No, 952（2022-1）　pp. 16-19

⑵　購買力平価（PPP）とは、物価水準などを考慮した各国通貨の実質的な購買力を交換レートで表したものである。購買力平価は、国連国際比較プロジェクト（ICP）として実施計測されており、同じもの（商品あるいはサービス）を同じ量購入する際、それぞれの国で通貨がいくら必要かを調べ、それを等置して交換レートを算出する。

⑶　公益財団法人日本生産性本部（2021）『労働生産性の国際比較2021』　https://www.jpc- net.jp/research/assets/pdf/report_2021.pdf

⑷　⑶（図1）OECD加盟諸国の一人当たりGDP（2020年度/38ヵ国比較）p. 1より著者が作成。国名の右の数字は、OECD加盟38ヵ国中の順位

⑸　⑶（図2）主要先進7カ国の一人当たりGDPの順位の変遷　p. 2より著者が作成。

⑹　⑶（図3）OECD加盟諸国の労働生産性（2020年度・就業者一人当たり/38ヵ国比較）p. 4より著者が作成。国名の右の数字は、OECD加盟38ヵ国中の順位

⑺　⑶（図4）主要先進7カ国の一人当たり労働生産性の順位の変遷　p. 6より著者が作成。

⑻　⑶（図8）主要先進7カ国の時間当たり労働生産性の順位の変遷　p. 11より著者が作成。

⑼　川口昭彦、江島夏実（一般社団法人専門職高等教育質保証機構編）『リカレント教育とその質保証－日本の生産性向上に貢献するサービスビジネスとしての質保証』専門職教育質保証シリーズ、ぎょうせい、令和3年　pp. 55-56

⑽　独立行政法人大学改革支援・学位授与機構編著『危機こそマネジメント改革の好機』大学改革支援・学位授与機構大学マネジメント改革シリーズ、ぎょうせい、2022年　pp. 145-160

⑾　西川開他（2021）『科学研究のベンチマーキング2021—論文分析で見る世界の研究活動の変化と日本の状況—』文部科学省科学技術・学術政策研究所科学技術・学術基盤調査研究室、調査資料-312　https://www.nistep.go.jp/wp/wp-content/uploads/NISTEP-RM312-FullJ.pdf

⑿　論文の被引用数（2020年末の値）が各年各分野（22分野）の上位10％（1％）に入る論文数がTop10％（Top1％）論文数である。Top10％（1％）補正論文数とは、被引用回数が各年各分野で上位10％（1％）に入る論文の抽出後、実数で論文数の1／10となるように補正を加えた論文数をさす。「国の科学研究力」を観るときに、量的観点と質的観点が必要である。量的観点として論文数を、質的観点として他の論文から引用される回数の多い論文数（Top10％補正論文数、Top1％補正論文数）を用いる。国単位での科学研究力を把握する場合は、「論文の生産への関与度（論文を生み出すプロセスにどれだけ関与したか）」と「論文の生産への貢献度（論文1件に対しどれだけ貢献をしたか）」を把握する。前者は整数カウント法、後者は分数カウント法により計測する。

⒀　⑾を参考に著者が作成

⒁　吉見俊哉（2021）『大学は何処へ　未来への設計』岩波新書　p. 263

⒂　科学技術振興機構　情報分析室（2017）「TOP10％論文数の国際シェア推移」https://jipsti.jst.go.jp/foresight/pdf/Top10Articles.pdf　p. 16を参考に著者が作成。元データは2022年1月5日当時は閲覧できたが、現在は閲覧できない。科学技術情報プラットフォーム　https://jipsti.jst.go.jp/information/2017/06/816.html

⒃　中根千枝（2019）『タテ社会と現代日本』講談社現代新書

⒄　内閣府（2014）「主要国における研究領域タイプの特徴」「学術的・社会的な研究テーマの世界トレンド」　https://www8.cao.go.jp/cstp/tyousakai/kihon5/3kai/siryo4-3.pdf

⒅　文部科学省（2021）学校基本調査　https://www.e-stat.go.jp/stat-search/files?

page ＝ 1 &layout ＝ datalist&toukei ＝ 00400001&tstat ＝ 000001011528&cycle ＝ 0&tclass1 ＝ 000001161251&tclass2 ＝ 000001161252&tclass3 ＝ 000001161253& tclass4 ＝ 000001161255&stat_infid ＝ 000032155536&tclass5val ＝ 0

⒆　GLOBAL NOTE（2021）「世界の大学進学率（四年制大学）国別ランキング・推移」 https://www.globalnote.jp/post-10165.html を参考に著者が作成

⒇　GLOBAL NOTE（2021）「世界の大学進学率国別ランキング・推移」 https://www.globalnote.jp/post-1465.html を参考に著者が作成

㉑　GLOBAL NOTE（2021）「世界の大学院進学率国別ランキング・推移」 https://www.globalnote.jp/post-14176.html を参考に著者が作成

㉒　独立行政法人大学改革支援・学位授与機構編著『危機こそマネジメント改革の好機』大学改革支援・学位授与機構大学マネジメント改革シリーズ、ぎょうせい、2022年　pp. 124-131。猪木武徳（2009）『大学の反省』NTT出版　pp. 74-76

㉓　Michigan State University, The Graduate School, PhD Salaries and Lifetime Earnings. https://grad.msu.edu/phdcareers/career-support/phdsalaries

㉔　矢野眞和（2018）「リカレント学習の条件」IDE　現代の高等教育No. 604大人が学ぶ大学　2018年10月号　pp. 4-9

㉕　欧州教育圏の構築を推進するボローニャ・プロセスのもとで、国家間で異なる学位・資格の認定のために、共通様式で情報を記載し、公的で透明性のある文書として作成された。わが国では、共通性より各大学の学位の特徴を示すものとする傾向がある。

㉖　Norem, J.K.（2001）"The Positive Power Of Negative Thinking" Basic Books 日本語訳本：ジュリーK. ノレム著／末宗みどり訳／西村　浩監修（2002）『ネガティブだからうまくいく』ダイヤモンド社

㉗　セロトニントランスポーター遺伝子、フリー百科事典『ウィキペディア（Wikipedia）』

㉘　独立行政法人労働政策研究・研修機構（2021）常用労働者1人平均年間総実労働時間数　https://www.jil.go.jp/kokunai/statistics/timeseries/html/g0501_02.html

㉙　厚生労働省（2021）労働者1人平均年次有給休暇取得率の年次推移　https://www.mhlw.go.jp/toukei/itiran/roudou/jikan/syurou/21/dl/gaiyou01.pdf

㉚　日本経済新聞電子版（2022年5月2日）『働きがい改革、道半ばの日本「仕事に熱意」6割届かず』　https://www.nikkei.com/article/DGXZQOUC182GOOY

2A410C2000000/?n_cid＝NMAlL007_20220501_A&unlock＝1

第3章

DX時代を切り拓く専門職大学院・大学

　大多数の日本人にとって、大学への関心は専ら入学試験（入試）です。「入試」は、受験生やその保護者のみならず、受験産業、中学高校の教員、それらを取り巻くメディア等の巨大な複合システムとして社会全体に根を張っています。しかしながら、「入試」の先にある大学の教育課程やそれによって獲得できる学修成果には一般の人々は、あまり関心をもっておらず、「偏差値」によって大学を判断することが多くなっています。学生は、なるべく早く卒業必要単位を修得して、４年生（あるいはもっと早期から）になると「就職活動（就活）」でキャンパスにはいない例が多くなります。すなわち、大学は「入試」と「就活」に挟まれた中間的期間となっています。

　世界の中で日本の大学の存在感が、2000年代以降、著しく低下しています。これには二つの理由が考えられます。第一は、急速にグローバル化が進んだ世界の大学教育に、わが国の大学教育が適応できていないこと、第二に大学教育の水準自体が、最近劣化した可能性[1]もあります。これらの推察は、第２章で説明した日本の研究開発力の低下からも容易に予想できます。この象徴的なデータが、THE（Times Higher Education）世界大学ランキング[2]におけるわが国の諸大学の順位の下落です。もちろん、世界大学ランキングが、評価の仕組みそのものが英語圏の大学に有利になっているという指摘もあります。しかし、他のアジア諸国の大学（北京大学、清華大学、香港大学、シンガポール国立大学等）が、徐々に順位を上げていることを考えると、日本の大学が国際水準への適応に失敗し、教育研究の成果についてもアジア諸国のトップ大学の後塵を拝していると考えざるを得ません[3]。国は日本の大学のグローバル化のために大規模な補助金政策を展開してきましたが、残念ながら成功していません。大学人は「政策の失敗」と決めつけます

が、決してそうではなく、大学内部の意識の問題に帰するものと思われます。

「偏差値」は、あくまでも入学時の評価であり、在学中に学生が獲得した能力を反映したものではありません。教育機関は、学生が在学中に獲得した学修成果を発信し、社会がそれによって学生個人や教育機関の評価を行う文化の醸成・展開が、わが国の高等教育の再生の鍵となります（コラム1-11）。高等教育を全体でどう変えていくかという明確なビジョンを欠いたまま、各機関や各教員が目先の必要から行動し、疲弊していくことを避けなければなりません。

コラム 1-11

① **入学時の偏差値による評価からの脱却**して、**在学中の学修成果を評**価する文化の展開が、日本の**高等教育の信頼回復の鍵**である。
② 大学で「**何を教えるか**」に思考が集中し、「**どのような能力を具備した学生を育てるか**」というビジョンの欠如が、わが国の大学の低落につながっている。

第1節　DX社会の能力論

DX社会では、AIやデータの力を活用して、想像力と創造力を駆使して、世の中の多様なニーズを実現することが求められます（図1-1　p. 6）。そのため、高等教育は、知識や技能の実装ではなく、それらを利活用できる能力の開発に重心が移ります。さらに、二十世紀の工業社会までは、相互に独立的あるいは対立的に発展してきた各セクターも、他のセクター等との間の相互参加や連携等により、DX社会に相応しい形で自らの存立基盤や独自性の強化を図ることが不可欠となっています。すなわち、DX社会は、資源やモノではなく、知識・技能を共有・集約することによって、さまざまな社会課題を解決し、新たな価値を産み出す「知識集約社会（knowledge-integrated society）」と言えます（コラム1-2　p. 11）。

　DX社会ではヒトの役割が変化していますから、人材に求められる資質・能力が、二十世紀の工業社会までとは当然異なってきます。たとえば、グリフィンら[4]（P. Griffin et.al）が提唱した二十一世紀型技能（表1-10）をはじめ、わが国でも複数の能力論が提示されています（表1-11）。

表1-10　二十一世紀型技能

思考の方法	仕事のツール
・創造力とイノベーション ・批判的思考、問題解決、意思決定 ・学びの学習、メタ認知 　（認知プロセスに関する知識） **仕事の方法** ・情報リテラシー ・情報通信技術に関するリテラシー	・コミュニケーション ・コラボレーション（チームワーク） **社会生活** ・地域と国際社会での市民性 ・人生とキャリア設計 ・個人と社会における責任 　（文化に関する認識と対応）

表1-11　日本で提唱された能力論

基礎的・汎用的能力[5]	人間力[6]	就職基礎能力[7]	新・社会人基礎力[8]	学士力[9]
・人間関係形成・社会形成能力 ・自己理解・自己管理能力 ・課題対応能力 ・キャリアプランニング能力	・知的能力的要素 ・社会・対人関係力的要素 ・自己制御的要素	・コミュニケーション能力 ・職業人意識 ・基礎学力 ・ビジネスマナー ・資格取得	・考え抜く力（3要素） ・チームで働く力（6要素） ・前に踏み出す力（3要素）	・知識・理解 ・汎用的技能 ・態度・志向性 ・総合的な学修経験と創造的思考力

　最近、「コンピテンシー（competency）」という言葉をよく耳にします[10]。コンピテンシーは、企業などで人材の活用に用いられる手法で、高い業績・成果につながる行動特性（職務遂行能力）を意味する言葉として使われ始めました（1960年代）。成果主義に基づく評価基準を重視している場合には、成果のみを評価する傾向にあります。能力主義に基づく評価基準を重視している場合には、能力のみを高く評価する傾向があります。これらに対して、

コンピテンシーに基づく評価基準を重視する場合には、知識や技術だけではなく、自律性、責任感、傾聴力、計数処理能力、論理思考などの具体的な行動現象や思考特性も含まれます。すなわち、コンピテンシーとは、特定の状況下で、目的を達成するために、成果を産み出すことができる能力を表した実践的な概念です。

　教育分野にも、二十世紀末頃から、「コンピテンシー」という言葉が登場するようになりました。経済協力開発機構（Organisation for Economic Cooperation and Development, OECD）のDeSeCo[11]は、「学習力を考える時、これまでの知識や技能の習得に絞った能力観には限界があり、むしろ学習への意欲や関心から行動にいたるまでの広く深い能力観コンピテンシーに基礎づけられた学習力への視点が必要になってきている。」と分析しています。そして、コンピテンシーを、知識や技能よりも上位概念と位置づけ、「個人の人生にわたる根源的な学習能力」と定義しています。そして、人々がもつべき知識・技能を超える能力群であるコンピテンシーの中から、OECDは「キー・コンピテンシー」と定めました。

　キー・コンピテンシーをカテゴリー別に図示すると図1-12のようになります。第一は、社会・文化的、技能的ツールを相互に活用する能力（社会との

図1-12　キー・コンピテンシーの全体像

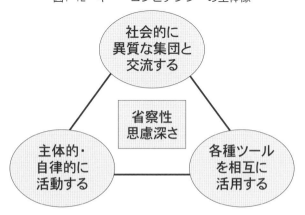

相互関係）で、①言語、シンボル、テクストを相互的に用いる、②知識や情報を相互作用的に用いる、③技能を相互作用的に用いる等の能力が含まれます。第二は、社会的に異質な集団との交流能力（他者との相互関係）で、①他者と良好な関係をつくる、②他者と協働する、③争いを処理・解決する等の能力が含まれます。第三は、主体的・自律的に活動する能力（自律性と主体性）で、①広い展望の下で活動する、②人生計画や個人的プロジェクトを設計し、実行する、③自らの権利、利害、限界やニーズを表明する等の能力が含まれます。そして、中核には、省察性、思慮深さ（深く考え、行動する）が、位置づけられます。

第2節　人間力を具備した「専門家」の育成

　DX社会の能力論すべてに共通している内容は、知識や技能の上位概念として、自律性、責任感、傾聴力、論理思考など基盤的基礎力（人間力）が強調されていることです（表1-10、表1-11、図1-12）。このような基盤的能力が強調される背景は、次の四点が考えられます。

①　巨大で複雑化した現代社会の諸課題は、一個人の専門家の知識・技能だけで対応することは困難で、多様な知的専門家の分業と協業が不可欠となっています。複数の専門家が、共通の目標に立ち向かうためには、各個人の相互理解やネゴシエーション能力などの人間力が問われることになります。

②　知識や技能は急速に進化していますから、その賞味期限はどんどん短くなっています。したがって、われわれは能動的（自律的）に学び続け、自らの付加価値を絶えず更新する意欲が求められます。

③　人生100年時代を迎え少子高齢化が進む状況では、各個人が修得した知識・技能を社会に還元するという認識が重要であり、その責任もあります。

④　第四点は、上記の視点と異なります。従来は、「学力」という指標と社会人基礎力には相関関係がありました。しかし、近年、社会人基礎力

と学力との相関関係が低下しており、社会的基礎力を独立した要素とし
て意識する必要があります[12]。

　以上の点から、日本に求められていることは多様な専門家（プロフェッ
ショナル）層を厚くすることです。しかもタテ社会の専門家ではなく、ヨコ
社会で活躍できる専門家の充実が喫緊の課題です。「グロバリゼーションは
経済戦争を激化させ、その競争にどう勝ち残るかということこそ、日本に
とって最大の課題だ。」という問題認識は、二十一世紀の日本が抱える重要
問題を経済問題にすり替えられています[13]。深刻な問題は、経済問題に関わ
らず、日本全体が二十一世紀社会に対応できていないことです。

　DX社会においては、定型的な事象はAI等機械が対応しますから、ヒトに
求められる役割は非定型的事象に対する対応が中心となります。多様な社会
の課題やニーズに応えるために、多様な専門家の想像力とそれを実現する創
造力を結集して、新たな価値を産み出すことが求められます。多様な専門家
の協働を推進するためには、社会的知性やネゴシエーション能力が不可欠と
なります（表1-12）。

表1-12　DX社会における能力観

非定型事象への対応：役割が体系化されていない多種多様な状況に対応できる。／予め用意されたマニュアル等に頼るのではなく、自分自身で何が適切かを判断できる。
創造的思考：抽象的な観念を整理・創出できる。／コンテクストを理解した上で、自らの目的意識に沿って方向性や解を提示できる。
社会的知性（ソーシャル・インテリジェンス）とネゴシエーション能力：理解・説得・交渉などの高度なコミュニケーションによって、サービス思考性のある対応ができる。／他者との協働ができる。

第3節　「学び」と「実務」をつなぐ

　大学は、知のコミュニケーションの場であり、知の生産・集積・継承・発

信のメディアです。大学は、十二〜十三世紀の中世ヨーロッパで誕生し、長い歴史をもっていますが、社会とのつながり方は時代によって異なります[14]。社会との関係の視点から、大学を三つの世代に分けて以下に説明します（表1-13）。

表1-13　大学変革の歴史

大学	世　紀	概　　　要
第一世代	十二世紀〜十八世紀	中世の大学：教員と学生の協同組合としての大学。大学は単に特定の専門知識を教えるだけの機関ではなく、知的生活が共同で営まれるコミュニティとしての性格をもっていた。
第二世代	十九世紀〜二十世紀	近代の大学：研究と教育の一体化をめざしたフンボルト型大学。大学は、関連深い専門領域の研究者たちから構成される学部や学科（ファカルティ）の連合体。フンボルト理念には、教員と学生の「双方向的学び」あるいは「教える自由」と「学ぶ自由」という視点が含まれていたが、基本的には教員主体であった。
第三世代	二十一世紀	現代の大学：多様化・複雑化する知識集約社会（アカデミック・キャピタリズム）の中で知的創造の基地として期待されている。教員中心でも、教員と学生中心でもなく、さまざまな知的専門職のネットワークを中心として、社会との連携すなわち、「学び」と「実務」が密接な連携が求められる。

　中世ヨーロッパの大学誕生には、都市を拠点とした広域的な人の往来と物流の活発化が関係しています。広域的な経済の拠点として都市が発展し、都市から都市へ移動する人々（都市を遍歴する自由な知識人）が、新しい知識を伝え、集積するメディアでした。大学は、このような自由な知識人たちが結びついた知の中核的機関として出発しました。したがって、初期の大学は、校舎建設から始まったものでもなければ、国家による専門的な役割付与から始まったものでもなかったのです。このような大学は、共通の利害をもつ学生や教員の「協同組合」でした。このことは、大学（university）の語源であるラテン語universitas magistrorum et scholarium（教員と学生のコミュニティ）からも明らかで、universityは、universality（学問・知識など

の普遍性) やuniverse (宇宙、全世界など) とは関係ない言葉です。そして、大学は単に特定の専門知識を教えるだけの機関ではなく、知的生活が共同で営まれるコミュニティとしての性格をもっており、これによって人間力が育成されていました。このようなシステムは、現在も欧米のカレッジに受け継がれています。

　十五世紀までにヨーロッパ全土に広がった(約75校)大学の最大の特徴は、その教育内容や教授方法の画一性でした。いずれもラテン語を共通言語として、キリスト教の正統的信仰観念に基づいた教育が行われていました。すなわち、大学は、教育内容にはほとんど地域差がない、超地域的な知識空間であり、これにより大学間の自由な移動が保障されていました。ところが、十五世紀末以降、君主たちが功名心から形ばかりの「大学」を設立したため、大学が知の生産・継承の空間から単なる知的ブランドに転落しました。大学が属する国家によって異なるものとなってきたため、それまでの汎ヨーロッパ的な統一性・画一性は崩壊しました。そして、十六世紀以後の活版印刷術 (1445年頃グーテンベルグが発明) の普及が近代知を産み出し、発展させる基盤となったことによって、中世に誕生した大学は知識生産の中心的な場ではなくなりました (コラム1-12)。

コラム 1-12

中世ヨーロッパ全土に広がった**都市ネットワークの時代** (自由な移動の時代、口承・手書き文化) は終焉し、**印刷メディアの時代** (印刷術が知的創造力の基盤、活版印刷文化) へ転換した。

　出版産業によって、知識人が都市から都市へ遍歴する時代が終わり、図書室や書斎での書物の比較照合の時代が到来しました。もちろん、「大学」と「出版」の関係は、単純な対立・補完関係ではありません。それまでの中世大学は、組織が硬直化して、社会の変革に対応できなかったわけです。近代の自然科学や人文社会科学が発展し、新しい知識生産・継承が必要とされ始めた十八世紀には、医学、科学、工学、法学などの専門知を集積して、伝達

する機関として機能したのは、大学ではなく、専門学校やアカデミー[15]でした。アカデミーでは、硬直化した大学よりはるかに柔軟に実学的かつ先端的な教育が行われていました[16]。他方で社会全体のあり方についても、主権国家体制の成立、市民社会の成立、産業革命による資本主義の成立、国民国家の形成など現代社会を特徴づける変革が展開しました。

フンボルト型大学

　知識生産・継承する機関としての存在感が薄れていた大学は、研究と教育の一致という「フンボルト理念」に沿って十九世紀初頭のドイツで、国民国家の知的資源の主要な供給源と位置づけられ、再生しました。この第二世代の大学は、人材育成と研究開発の両面で国家の支援を受けながら総合的な高等教育機関となり、専門学校やアカデミーの機能をも呑み込み史上最大の教育研究体制に成長しました。

　フンボルト型大学の最大の特徴は、それまでの教育中心の大学に、ゼミナールや実験・実習などの研究志向の手法を取り入れたことです。とくに、教員だけでなく学生にも研究させるようなカリキュラム体系となっています。この大学改革には、知識がすでに定まった不動のものではなく、常に進化するものであるという考え方に基づいて、知識は教員と学生の対話の中から絶えず新たに生成されるものであるという思想が根底にあります。すなわち、新しい知識が構築される過程で、古い知識は絶えず問い返されて、認識の枠組全体が変化していくのです。このために、フンボルト理念は、大学教育の『内容』としての知から『方法』としての知への転換を求めています（コラム1-13）。

コラム 1-13

大学教育の目的は、すでに知っていること（『**内容**』としての知）を教えるのではなく、いかに知るか（『**方法**』としての知）を教えることである。

　今日の大学教育の基本構造となっている講義と演習、実験・実習、論文指導などが、十九世紀ドイツの大学で構築されたことがわかります。また、最近声高に叫ばれている「アクティブ・ラーニング」や「学修者本位の教育」も、すでに提唱されていました。このドイツ発の大学概念は、国民国家の教育研究体制のモデルとして、世界各国の近代化政策の一環として導入されました。

「大学院」の設置

　上記のような経緯から、十九世紀末まではドイツが世界の知の中心でしたが、二十世紀半ば以後は高等教育の中心はドイツからアメリカ合衆国に移りました。このきっかけは、より高度な研究開発に対応する「大学院（graduate schools）」を大学の中核として設置したことです。これによって、全国（あるいは全世界）から向学心に富んだ学部卒業生を迎え入れました。大学院は、研究者養成のみならず、law schools、business schoolsなど実務と直接関わる分野の人材をも育成し、これらの人材がアメリカの国際的な高揚に貢献しました[17]。

　このリベラルアーツ・カレッジとしての学部と、修士号・博士号の学位取得システムとしての大学院を結びつけたアメリカ型大学概念は、今や世界標準となっています。日本の大学・大学院制度は、制度的にはアメリカ合衆国と一見似たものとなっていますが、組織的あるいは内容的には大きく異なります。これが、わが国の大学教育の地盤沈下の原因の一つと思われますが、これについては第二部第1章第1節（pp. 62-72）で議論します。

ポストコロナ時代の大学は？？

　新型コロナウイルス感染症の拡大は、数年後には収束するでしょう。しかしながら、このパンデミックの影響から抜け出すためには、数年後どころか、十年後でもこの影響は消えていないかもしれません。影響が長期化することは確実です。一例をあげれば、大学の授業のオンライン化は劇的に進み

ましたが、この変化はポストコロナ時代も続くでしょうし、元に戻ることは決してあり得ません。また、多くの企業は、在宅勤務を積極的に推進しており、テレワークやオンライン業務を行っている人々は増加し、社会は確実に変化しているわけですから、これに対応できる高等教育が求められます。

　フンボルト型大学で発達してきた概念では、関連の深い専門領域の研究者たちから構成される学部や学科の連合体として大学が理解されてきました。上述のように、フンボルト理念そのものには、教員と学生の双方向的な学びという視点であったはずですが、わが国の大学の実態は教員中心の大学概念になっていました。大学人が頻繁に使う「学問の自由」という言葉[18]には、教員の教える自由（Lehrfreiheit）と学生の学ぶ自由（Lernfreiheit）の両者が含まれていますが、前者が強調される機会が多くなっていました。

　フンボルト理念の基盤は、俗世間から切り離された「理想の空間」としての大学キャンパスで、脱社会的に創造される知こそが社会の発展に貢献するという思想です。しかしながら、これは十九世紀の国民国家がイデオロギー的に必要としたものであって、二十一世紀社会が求めているものとは異なり、社会から隔絶した「理想の空間」から産み出される知ではありません。大学には、多様な社会課題の現場で新たな知を創造することが期待されています（コラム1-14）。すなわち、社会課題の現場の中で、自らの批判力、想像力や創造力を試し、磨き続けることです。今や「理想の空間」に閉じこもっていては、新しい価値が創造できる時代ではありません。

コラム 1-14

　これからの大学（第三世代の大学）は、**社会の諸課題を視野**に入れて、**新たな知を創造**する責務がある。

　グローバル化やオンライン化は、国や大学・学部などのタテ社会の壁に穴を穿つ方向に作用します。その穴を利用した学生や教員の移動により交流と対話が促進され、知的創造の枠組が拡大します。まさに、タテ社会からヨコ社会への大変革です。第三世代の大学は、ヨコ社会の中で知的創造を推進す

る機関であるべきです[19]。今や、国民国家の大学ではなく、いわば地球全体の大学でなければなりません。大学がめざすべきは、タテ社会の「組織人」の育成ではなく、ヨコ社会に貢献する「専門家」の育成です。このために、第三世代の大学は、単に教員中心でも、教員と学生中心でもなく、多種多様な知的専門職の分業化されたネットワークを中心に「学び」と「実務」が密接に連携した組織である必要があります（コラム1-15）。

コラム 1-15

第三世代の大学は、多種多様な**知的専門職人材の分業と協業**の場でなければならない。

　デジタル化やインターネットの普及の中で高等教育機関が直面している課題は、印刷技術が知の生産・継承の仕組みを根底から変えた十六世紀にも似ています。中世の大学（第一世代の大学）誕生の要因は、汎ヨーロッパの都市から都市へ遍歴する知識人のネットワークでした。第二世代の大学（フンボルト型大学）は、国民国家に貢献する大学として発展しました。第三世代の大学には、分野横断的な視点から地球規模の課題に挑戦する人材の育成が期待されています。

《注》

(1) 日本経済新聞電子版（2022年5月3日）「企業も学校も学び直し　卒業証書の空洞化止まらず　教育岩盤　揺らぐ人材立国②」　https://www.nikkei.com/article/DGXZQOGH155XN0V10C22A2000000/?unlock＝1

(2) THE 世界大学ランキング 日本版　https://japanuniversityrankings.jp/

(3) 吉見俊哉（2021）『大学は何処へ—未来への設計』 岩波新書　pp. 27-31

(4) Griffin, P. et al (2012) "Assessment and Teaching of 21st Century" Skills Springer, Dordrecht　https://link.springer.com/book/10.1007/978-94-007-2324-5#about

(5) 国立教育政策研究所「基礎的・汎用的能力」を構成する4つの能力と今後の実践　https://www.nier.go.jp/shido/centerhp/22career_shiryou/pdf/3-02.pdf

(6)　内閣府（2003）人間力戦略研究会『人間力戦略研究会報告書』　https://www.tfu.ac.jp/students/feature/arpn890000001r3x-att/human.pdf

(7)　厚生労働省（2004）『若年者の就職能力に関する実態調査』　https://www.mhlw.go.jp/houdou/2004/01/h0129-3a.html

(8)　経済産業省（2018）人生100年時代の社会人基礎力　https://www.meti.go.jp/committee/kenkyukai/sansei/jinzairyoku/jinzaizou_wg/pdf/007_06_00.pdf

(9)　文部科学省（2008）中央教育審議会「学士課程教育の構築に向けて（答申）」　https://www.mext.go.jp/b_menu/shingi/gijyutu/gijyutu4/siryo/attach/1247211.htm

(10)　一般的に、ヨーロッパでは「コンピテンス（competence）」、アメリカでは「コンピテンシー（competency）」とよぶ。知識や技能を有することに加えて、様々な心理的・社会的なリソースを活用して、特定の文脈の中で複雑な要求（課題）に対応することができる力（Glossary 5th Edition 高等教育に関する質保証関係用語集、大学改革支援・学位授与機構）と定義されている。

(11)　The Definition and Selection of Key Competencies : Theoretical & Conceptual Foundation.　http://www.oecd.org/education/skills-beyond-school/41529556.pdf

(12)　経済産業省（2006）社会人基礎力に関する研究会『社会人基礎力に関する研究会―中間とりまとめ―』　https://www.meti.go.jp/policy/kisoryoku/index.html　p. 6

(13)　猪木武徳（2009）『大学の反省』　NTT出版　p. 172

(14)　吉見俊哉（2011）『大学とは何か』　岩波新書を参考にして著者がまとめた。

(15)　近代初期に、新興の有力者の保護を受けて、人文主義者や自然科学者が設立したものである。サークルよりも格式があり長続きはするが、大学の学部よりは格式ばらない集団で、革新を求めるには理想的な社会形態であった。このような集団は、徐々に機関へと成長して、会員の定数制、規約、定期会合をもつようになった。

(16)　Burke, P.(2004)『知識の社会史　知と情報はいかにして商品化したか』　井山弘幸、城戸淳訳、新曜社

(17)　Michigan State University, The Graduate School, PhD Salaries and Lifetime Earnings.　https://grad.msu.edu/phdcareers/career-support/phdsalaries

(18)　潮木守一（2008）『フンボルト理念の終焉？―現代大学の新次元』　東信堂

(19)　吉見俊哉（2021）『大学は何処へ―未来への設計』　岩波新書　pp. 267-296

第二部

産業構造の変革に
　　対応する統合学修

　日本の大学を取り巻く状況は二十世紀末と比べて激変し、対応すべき課題が山積しています。少子高齢化、学修者本位の教育への転換、新型コロナウイルス感染症の拡大など枚挙に遑がありません。この激変に対応すべき高等教育システムの変革も不十分です。これが、第一部で言及したわが国の高等教育の地盤沈下（pp. 29-35）につながっています。しかしながら、大学が改革に取り組んでいないわけではなく、むしろ矢継ぎ早に求められる「改革」によって疲弊しているのが現状でしょう。問題は、社会の大きな変化を見極める本質的な議論をしないまま、小手先の改善に翻弄されていることです。

　第一部で指摘しましたように、第四次産業革命で産業構造が大きく変わったDX時代に、わが国の高等教育が対応できていないのが実態でしょう。第二次世界大戦後に構築された教育体系そのものの変革も重要課題です。知識再生型問題中心の入学試験、文理分断の学部・学科構成、個々人の多様性や学修歴を無視した画一的な教育システムなど、二十世紀の高度成長期に構築された教育システムが、そのまま存続されていることも大問題です。学修の主な目的が知識・技能の修得と位置づけられたままで、イノベーションや社会の変革が学修目的とは認識されていません。このため、「何を教えるか？」という意識が非常に強く、一人ひとりの学生の個性や能力の伸長を図る（学修者本位の教育）という認識が不十分です。さらに、「教員は教える人」「学生は学ぶ人」という潜在意識が、教員と学生の両者に強く残っており、多方向的学修が十分には機能していません。個々人が学修によって自らの世界観や価値観を構築し知的に成長することによって、それらの知を活用した新しい価値の創造に貢献するという認識が必要です。

　高等教育は「実社会へのパスポート」という認識の下で、学修の目的そのものが変わり、抜本的な教育システムの改革が必要です。個々の大学等の教育体制のみではなく、設置基準や認証評価制度の改革も不可欠です。第一部で議論しましたように、これからはヨコ社会で生き抜く人材が求められているのであって、教員にも学生にもタテ社会の残像が色濃く残っていると言わざるを得ません。

第1章

高等教育の生産性向上を図る

　高等教育は人材を社会に送り出す機能を担っているわけですから、社会全体の生産性は、高等教育の生産性に依存しています。教育の生産性とは、学修に要した時間・費用あたりの修得できた資質・能力です（コラム2-1）。「生産性向上」というと、従来から「効率化」が焦点となってきました。すなわち、コラム2-1の分母（時間と費用）をいかに少なくするかが中心でした。これには限界があり、DX社会では分子（資質・能力）の質や量を高めることが重要となります。急速に多様化・複雑化する社会に対応できる多様な資質・能力（付加価値）を修得した専門家集団を育成することが高等教育機関に課せられた責務です。資質・能力は、コンピテンシー、リテラシー、二十一世紀型スキルなどの技能や態度だけではなく、知識・理解も含めた概念です。資質・能力は、画一的なものではなく、一人ひとりの学生によって異なります。さらに、学生は自分が修得した資質・能力を社会に向けて説明できなければなりません[1]。

コラム 2-1

教育の生産性＝育成された**資質・能力（付加価値）**／学修にかけた時間×費用

　DX社会の教育カリキュラムは従来のものとは大きく異なるものでなければなりません[1]。多様なイノベーションを誘発する能力が養成される統合学修（integrated learning）を中心としたカリキュラム開発が求められます（コラム2-2）。「統合学修」とは、著者が今回提案した言葉ですが、多様でかつ個性豊かな資質・能力の養成をめざした学修をさします。

> ### コラム 2-2
>
> これからの高等教育は、「モノシリ」を社会に送り出すのではなく、**イノベーションを誘発する技能（スキル）を身につけた人材を育成しなけ**ればならない。

　この章では、第二次世界大戦後に構築された高等教育システムの課題（第1節）、わが国の従来からの企業内教育訓練と高等教育機関の対応（第2節）を議論します。その上で、知識・技能の実装だけではなく、自律性と多様性を育てる学修者本位の教育が、これからの高等教育に求められていることを解説します（第3節）。

第1節　高等教育システムの課題

　第二次世界大戦直前、大学は49校（そのうち7校が帝国大学、11校が官立単科大学、公立大学は3校、私立大学は28校）でした。これらの大学に学ぶ学生の総数は約9万2千人、そのうち3万8千人は帝国大学の学生であり、4万2千人が私立大学の学生でした。

　高度な専門教育を行う学校である工業、商業、農業、蚕糸、畜産、鉱山などの専門学校は、官公私立合わせて363校ありました。このうち私立専門学校は、学校数で全体の6割近く（204校）を占め、生徒数でも、ほぼ同様でした（23万人のうち15万人）。帝国大学や官公私立大学への予備教育を行う場としての高等学校と大学予科も多数ありました。このうち、官立の高等学校は、第一（東京）から第八（名古屋）までのいわゆる「ナンバースクール」と、1920年前後から全国各地に設立された約20校の地名のついた高等学校および大学予科で、学校数は合計101校でした。それらの在学生総数は約8万人（高等学校は3万8千人、大学予科は3万9千人）で、高等学校在学者の8割以上が官立に在学し、大学予科在学者の9割近くは私立大学予科に在学していました。

　このほか、官立の高等師範学校と女子高等師範学校（主要任務は中学校、高等女学校、師範学校の教員養成）、戦争中に官立に移管された師範学校（主要任務は小学校・国民学校の教員養成）、青年師範学校（主要任務は中学校や高等女学校の教育を受けない子女を対象とする青年学校の教員養成）、各種教員養成所などの教員養成諸学校（140校）などがあり、これらの学校の在籍者総計は約8万2千人でした。

　上記の諸大学・学校の合計は653校、学生生徒数は約47万6千人（うち女子は約7万2千人）でした。これらに共通していたことは、原則として中等教育機関（中学校、高等女学校、および実業学校）の卒業者を入学させる機関だったということだけで、それらの教育水準、内容、学校の歴史的系譜、社会的性格などは非常に多様でした。この多様性が日本の発展を支えていました（コラム2-3）。

コラム 2-3

第二次世界大戦前の**日本の高等教育は非常に多様**であり、その**多様性**がわが国の発展に貢献した。

　占領期（1945〜1952年）に、日本の高等教育体制は大きく変貌しました。大戦前の大学を規定していた大学令が廃止され、1947年（昭和22年）に学校教育法が成立しました。これにより、6・3・3・4制のいわゆる単線型の学校体系が導入されました。その結果、帝国大学（総合大学）、官立あるいは私立大学（単科大学）、旧制高等高校、教員養成諸学校、専門学校など規模や役割が異なる多種多様な高等教育機関が、「新制大学」として一元化・再編成されました[2]。公私立大学（12校）が、官立に先立って新制大学として認可（1948年3月）されました。これに続いて、当時の占領軍総司令部（GHQ）と日本側当局が定めた「国立大学設置十一原則」（表2-1）に基づいて、国立大学（70校）、公立大学（18校）、私立大学（92校）の180校が、設置されました（1949年）。さらに、1953年には、国立大学（72校）、公立大学（34校）、私立大学（120校）の226校に激増しました。

表2-1　国立大学設置十一原則の主な項目

・帝国大学所在地である北海道、東京、愛知、大阪、京都、福岡の６都道
　府県を除いて、同一地域にある官立学校は合併して１府県１国立大学と
　する。
・各都道府県に教養ないしは教員養成に関する学部または部を必置する。
・国立の女子大学を東西２カ所に設置する。

　新制大学は、アメリカ合衆国の大学制度をモデルとしたはずですが、諸課
題については現状維持的（大戦前の体制）結論になりましたから、似て非な
る部分があります。ここでは、学士課程における教養教育（リベラル・アー
ツ）および大学院の位置づけと組織の問題に絞って議論を進めます。この二
つの課題が、わが国の大学の地盤沈下の主な要因と考えられます。

教養教育としての「一般教育等」

　アメリカの学士課程の中心はリベラル・アーツです。大戦前の日本の高等
教育体系がタテ割り専門教育を優先させていたことから、学生たちの自由な
思考力を育て、その知的創造力を伸ばすためには、アメリカのカレッジで実
施されていたGeneral Education（一般教養教育）の必要性が強調されまし
た。すなわち、ヨコ型のリベラル・アーツ教育の導入です。このヨコ型のリ
ベラル・アーツ教育は、旧制高等学校で実施されていました。旧制から新制
への転換にあたり大学は、廃止された旧制高等学校の教員を一般教育等[3]の
担い手として迎え入れましたが、学部編成については旧制大学の考え方を変
更しませんでした。

　東京大学は、全学のリベラル・アーツ教育に責任をもつ部局として、「教
養学部」を設置しました。しかし、東京大学は例外的な存在で、大多数の大
学は、学内措置による「教養部」をおき、旧制大学と旧制高等学校の教員の
身分差を、そのまま新制大学に持ち込み、教養部は、専門諸学部に対して従
属的な位置づけとしました。これは、リベラル・アーツとしての教養教育の

重要性・独自性が理解されず、「専門教育のための基礎教育」と位置づけられたことを意味します。

　一般教育等は、「パンキョウ」と揶揄されていたことからも推察できるように、多くの課題を抱えていました。各大学では、この一般教育等の改善は議論され、数えきれないほどの改善案が提案されましたが、本質的な改革には、なかなか立ち入ることができませんでした。その主な理由は、大学設置基準という大きな枠組みが存在していたことです。この大学設置基準の改正［1991年（平成3年）、いわゆる「大綱化」］によって、わが国の高等教育は大きく変革されました（表2-2）。大綱化前では、授業科目として、一般教育科目、外国語科目、保健体育科目、専門教育科目が明記され、それぞれの単位数に至るまで細かく定められていました。しかし、大綱化によって、授業科目、単位、授業という章が、教育課程という章にまとめられ、卒業要件としての総単位数が定められるだけとなりました。すなわち、「教育課程」という概念が導入され、その編成は、それぞれの大学（あるいは学部）に任され、個性化を図ることが求められました。このように「自由化」を断行した上で、「質の保証」の手段として「自己点検・評価」が導入されました（第

表2-2　大学設置基準の大綱化前後の比較（抜粋）

大綱化後	大綱化前
第1章　総則 　自己評価等（第2条） 第6章　教育課程 　教育課程の編成方針（第19条） 　　教育上の目的を達成するために 　　体系的に教育課程を編成する 　教育課程の編成方法（第20条） 　　必修科目、選択科目、自由科目 第7章　卒業の要件等	第1章　総則 第6章　授業科目 　授業科目の区分（第19条） 　　一般教育科目、外国語科目、保 　　健体育科目、専門教育科目 第7章　単位 第8章　授業 第9章　卒業の要件及び学士

1章第2条）。これは、第二次世界大戦以後から半世紀以上にわたって続いた高等教育政策の大転換でした。

　「大綱化」以後の大学設置基準では、「大学は、当該大学、学部及び学科又は課程等の教育上の目的を達成するために必要な授業科目を開設し、体系的に教育課程を編成するものとする。」〔第19条（教育課程の編成方針）第1項〕に続いて、「教育課程の編成に当たっては、大学は、学部等の専攻に係る専門の学芸を教授するとともに、幅広く深い教養及び総合的な判断力を培い、豊かな人間性を涵養するよう適切に配慮しなければならない。」〔第2項〕と規定されています。上記の規定では、教養という言葉を、「幅広く深い教養」にだけ使い、「総合的な判断力を培い、豊かな人間性を涵養する」には当てはめてはいませんが、「幅広く深い教養及び総合的な判断力を培い、豊かな人間性を涵養するよう適切に配慮」全体が教養教育の必要性を規定したものと解釈されます。このような認識に立つと、教養教育は、コラム2-4に示す内容であるべきです。すなわち、教養教育の目的は、専門的なものの見方、考え方を基本として、特定の専門分野に偏らない総合的な視野を獲得させるものです。このように考えると、教養教育は専門教育の前段階と位置づけられるのではなく、「教養（基本的な知識・理解と技能および基盤的な人間力）」は多様な専門性に支えられなければならないでしょう（図2-1）。あらためて上述の大学設置基準第19条（教育課程の編成方針）第2項を読み直してみると、この内容が記述されているものと思われます。

コラム 2-4

教養教育の目的は、
同時代の知に関する**広く深い見識**と、それによって涵養される**総合的な判断力**と**豊かな人間力**の育成である。

　大綱化では、教養教育の重要性を明記した上で、具体的な教育課程の編成については、規制を弾力化し、各大学の独自性が発揮しやすくなりました。大半の国立大学が選んだ道は、教養部解体でした。すなわち、自由度が広

図2-1　DX社会が必要とする人材モデル

がった結果として、多くの大学は「専門教育の強化」を選択したわけです。教養部解体後、教養部に所属していた教員は、関係専門学部に吸収され、専門科目も教養教育科目も各学部で分担して担当することになりました。これを、教養教育に対する「全学出動体制」と称していました。全学出動体制は、専門教育と教養教育の有機的な連携、あるいは全学の教員による豊富な授業の提供という意味では、前進とみるべきかもしれません。また、一般教育担当の教員の階層化に対する怨念を吸収する効果があったことは事実です。しかしながら、二十一世紀の大学教育のあるべき方向性に関する学内議論がなされないまま、教養教育の存在意義はむしろ拡散し、教養教育の責任主体が曖昧になる結果となり、大綱化がめざした理念とは逆に、教養教育の空洞化あるいは弱体化が多くの大学で生じたことは否定できません。また、強化したはずの専門教育がわが国の研究開発力の向上にはつながっていませんから、「早期専門化」より「リベラル・アーツによる人間力強化」が重要であったと予想できます。国立大学における教養教育の実情分析や評価については、他書[4]をご参照ください。

　専門知は、ある目的を達成するために有用ではありますが、歴史の中で私達が実現したい目的は変化します。目的が変化すると、今までの専門知だけでは対応できなくなりますから、新しい価値や知の創造が必要になります。このためには、自分の考えている自明性を疑い（批判的思考）、現在あるものを壊して、新しい価値を創造（創造的思考）していくことが不可欠であり、

この原動力となるのが教養教育（リベラル・アーツ）にあることを忘れては
いけません。

大学院教育

　大学院教育に関しても、わが国の大学は、組織上および教学マネジメント
の視点から、深刻な課題を抱えています。学士課程教育の最重要目的は「専
門家の養成」から「自律的な学修の促進」に変わっています。したがって、
大学院教育がプロフェッショナル育成を中心的に担わなければなりません。
多様なプロフェッショナルを擁することが国や組織の力となります。した
がって、学士課程卒業者を受け入れて、修士号あるいは博士号を授与するだ
けではなく、リカレント教育によって、二十一世紀社会に貢献するプロ
フェッショナルを育成することが大学院に期待されています。

　第二次世界大戦後の日本の大学制度は、アメリカ合衆国のそれをモデルと
し、大学院や学位の制度も大きく改変されました。修士の学位が新設され、
大学院には修士課程２年、博士課程３年の教育課程が置かれ、各課程の修了
者は提出した論文審査を経て学位が授与されることになりました（表2-3）。
大学院の修士・博士課程ともに、研修者養成を主要目的とする「研究大学院」
として位置づけられました。ただし、この大学院基準には、「備考」として
「この基準は、学術の研究者及び教授者の養成を主たる目的とする大学院に
ついて定めたものである。専門の職業に従事する者(例えば医師、弁護士等)
の養成を主たる目的とするものについては別に之を定める。」と記述されて
おり、当初から専門職業人養成の視点から問題点が指摘されていました[5]。

　わが国の戦前の大学には、ヨーロッパの大学をモデルとした大学院が設置
されていましたが、その大学院は、指導教官の指導下で学生が研究を進める
場として、学術研究者の養成機関としての機能を主要目的とする「研究大学
院」として位置づけられたことを意味します。しかも、アメリカのような独
立した教育研究組織としての大学院ではなく、人的にも物的にも学部に全面
的に依存した、学部の附属的な組織として開設・運営されました。この大戦

表2-3　1949年に定められた「大学院基準」における修士・博士課程の規定

・修士の学位を与える課程は、学部に於ける一般的並びに専門的教養の基礎の上に、広い視野に立って、専攻分野を研究し、清新な学識と研究能力とを養うことを目的とする。
・博士の学位を与える課程は、独創的研究によって従来の学術水準に新しい知見を加え、文化の進展に寄与するとともに、専攻分野に関し研究を指導する能力を養うことを目的とする。

前からの日本的伝統が、新制度の大学院にもそのまま引き継がれ、アメリカモデルの模倣は表面的なレベルにとどまり、実態としては戦前とほとんど変わりませんでした。

　このような事情から、わが国の大学院では研究者養成や大学教員養成が強調される傾向があり、最近は、博士学位取得者の多くが大学教員のポストには就けないために博士課程への進学者が減少しています。これに対して、欧米諸国では、大学院教育のプロフェッショナル養成機能が明確になっており、たとえば教育関係の事務部門で指導的立場にある職員は、ほとんど博士学位（Ph.D）を取得しています。とくに専門職では、博士学位をもっていることが必要条件となっている場合も多く、相応の待遇を受けて、イノベーションに貢献しています。

　日本の課題を明確にするために、人口100万人当たりの学士・修士・博士号取得者について、分野別の数を国際比較[6]してみましょう（図2-2～2-4）。わが国の学士号取得者数は、主要国に匹敵する値です。多くの国でも、わが国と同様に、人文・社会科学系が多数を占めています。日本では、修士、博士号取得者について、自然科学系が多くなる傾向にありますが、他国では修士号取得者についても人文・社会科学系が最も多く、博士号取得者では、自然科学系が最も多くなる傾向にあります。日本の人文・社会科学系の博士号修得者の数が、他の国と比較して極端に少なくなっています。

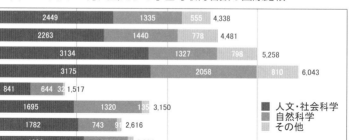

図2-2　人口100万人当たりの学士号取得者数の国際比較[6,7]

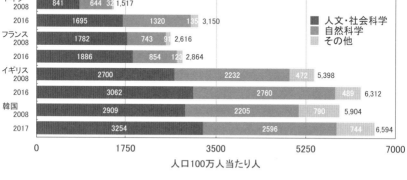

図2-3　人口100万人当たりの修士号取得者数の国際比較[6,7]

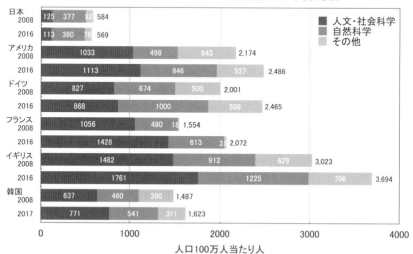

図2-4　人口100万人当たりの博士号取得者数の国際比較[(6,7)]

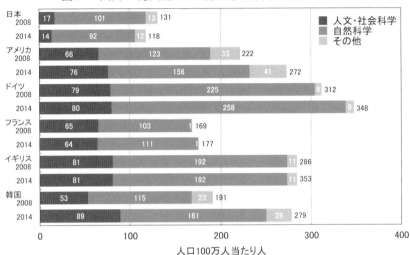

人口100万人当たりの修士・博士号取得者数について、2008年度と比較すると、日本以外の国では増加しています。主要国の修士号取得者数を人口100万人当たりで視ると、日本は2016年度で569人と少ない数値です。主要国の博士号取得者数を人口100万人当たりで視ると、日本2014年度で118人と非常に少ない数値となっています（図2-4）。わが国の博士号取得者数は、1990年代までは増加していましたが、2000年代になると、その伸びは鈍化し、2006年度をピークに減少に転じました。2010年度には一旦増加したものの、その後は減少傾向となっています。修士、博士のいずれについても、諸外国と比較して、人文・社会科学分野の取得者の割合が極端に低く、自然科学系も含めた全分野でも、修士は、欧米諸国に対して、日本は三分の一程度の水準にとどまり、博士についても、アメリカ、イギリス、ドイツに対して二分の一程度の水準にとどまっているのが現状です。

　欧米では、デジタル化やグローバル化が急速に進む社会の流れを配慮して、学士課程と修士課程を中心とした改革を進めてきました。一方、わが国

の大学院改革は、戦後50年を経てようやく本格化してきました。しかしながら、学部を基礎として大学組織を編成し、大学院独自の教員組織や施設設備をほとんど充実しないまま大学院を拡充していますから、さまざまな問題や課題に直面しています（コラム2-5）。

コラム 2-5

大学院改革で取り組むべき課題
・将来の国際社会に相応しい**新しい大学院教育のあり方**を、**大学院自ら**が構想し、これに基づいて**実質的な改革**を着実に実施する。
・大学院教育の**カリキュラム構造を体系的に整備**して、教育を**系統的に実施**する。

　日本の大学院改革は、大学院重点化をはじめ行政主導で進んできましたが、大学と大学院の概念上の関係を曖昧にしたまま進められたことに問題があります。大学自らが、将来の国際社会に相応しい新しい大学院教育のあり方を構想し、これに基づいて実質的な改革を着実に実施していくことが肝要です。大学院における教育研究を拡充して経済的生産性を向上させることが期待されています。このような改革路線は、わが国だけでなく、世界のどの国でも取り組まれています。

　大学院教育の改革にとって最も重要なことは、後継者を育てる場から脱皮して、国際社会全体の動向を把握し、学外からの要請に応えるとともに、大学院自身が、これまで長い時間をかけて培ってきた教育研究の精神や方法を、どのように改善・向上を図るかについて、具体的な方針や方策を自主的・自律的に確立することです。このためには、これまでの改革の方向と成果を系統的に把握し、これらを踏まえて、大学構成員のみならず、学外のステークホルダー（行政担当者や利害関係者等）を含めて、新しい大学院のあり方の議論を深める必要があります。

第2節　日本型雇用の転換と高等教育

　第1節で議論した論点は、大学だけの問題ではなく、日本社会の大学院・大学教育に対する価値観も課題です。日本の雇用システムの特徴は、新規学卒一括採用、長期雇用制度（終身雇用制度）および年功賃金制度（年功序列制度）の組み合わせでした。これは「メンバーシップ型」とよび、企業の文化・社風にあった「ポテンシャル」を重視した採用を行い、企業内教育訓練によって企業固有の知識・技能を獲得させ、その企業内でジェネラリストとしての成長を期待するものです[8,9]。特定の職務に対応した採用ではなく、職務や勤務地域等も限定しない場合が多いのです。企業は、日常の業務につきながら行う教育訓練（on the job training, OJT）を基軸とした企業内教育訓練によって、労働者の職務拡大や職務転換を実施することにより、経営環境の変化に対応してきました（表2-4）。このように、判断力の涵養は主とし

表2-4　企業が実施する教育訓練

OJT (on the job training)	日常の業務を通じて、職場の上司や先輩が、部下や後輩に対し具体的な仕事を与えて、その仕事を通して、必要な知識・技術・技能・態度などを意図的・計画的・継続的に指導し、修得させることによって全体的な業務処理能力や力量を育成する活動
Off-JT (off the job training)	通常の業務を一時的に離れて行うもの。通例、職業訓練施設や教育機関で集合研修、講習会、通信教育等の形態をとり階層別・職能別教育が多い。現場の状況に左右されない、均一な知識・技能修得の機会を提供する意味で効果的な取組
自己啓発	自己を人間としてより高い段階へ上昇させようとする活動であり、小集団活動や昇進と結合している場合が多い。

　この表には、企業が資金等を提供している活動を掲載した。本文中の企業内教育訓練はOJTをさしている。

て経験の積み重ねによって行われ、年齢のもたらす知恵と経験に頼ることが重視されてきました。

　このようにOJTは企業内に現存する人材や技術を基盤としています。しかしながら、時代の変化は急速で、企業内のOJTだけでは対応できなくなってきました。表2-4に示しました「Off-JT」や「自己啓発」もありますが、企業の既存の概念を基盤とした活動には限界があります。この状況の打破をめざして「リスキリング（re-skilling）」が話題になっていますが、これについては第三部第1章第3節（pp. 138-144）で言及します。

　さらに、企業内教育訓練によって能力開発が期待できたのは、製造業を中心とした大企業の男性社員であって、非正規雇用者あるいは女性は雇用システムの中では周辺的な存在です[10]。また、中小企業では、理念は共有されていても、企業内教育訓練体制は十分ではなく、時間的にも費用的にも余裕がありません[10]。日本の産業構造の7割を占めるサービス産業の大部分は中小企業ですから、企業内教育訓練は期待できません。最近は6割以上の企業で教育訓練が実施されておらず[11]、民間企業における一人当たりの教育訓練費は、1991年をピークに、それ以降減少傾向にある[12]など企業内教育訓練の機能低下が明確になっています。さらに、最近の若者の勤労意識の変化や技術革新の速さを考えると、日本型雇用に立脚した企業内教育訓練力では対応できなくなる危惧も増大しています。

　大学教育も今までの雇用システムに順応して、大学生は「どこの会社に入社しようか。」という意識で行動します。どのような職業を選ぶかという「就職」と会社を選ぶ「就社」が混同されて、「職務」という意識が希薄となっています。企業側も、学生のもつ「ポテンシャル」の判断根拠として出身大学の偏差値を参考にする傾向があります。大学に期待されていることは、一定の基礎学力のある若者を選抜して、卒業必要単位を習得した後は就職（就社？）活動に勤しむことです。在学中の学修の内容や成果が問われることはあまりなく、大学における学びに価値があるとは企業は評価していないようです。学生の就職活動においても、サークル活動やアルバイト、ボランティ

ア等の学業以外の活動が重視される傾向が強いようです。最近は多少改善されているとは思いますが、入学試験による学力の選抜機関としての大学に対する期待は大きくても、在学中の教育に社会はそれほど大きな期待をもっていません。逆に、大学や学生も、産業界がどのように変化し、企業が何を求めているかを把握し切れていません。

　このように、日本の大学は、いまだに高校生が「入試」に合格して「就活」を経て社会へ出ていくための通過点でしかないのです。大学生活は、それまでの高等学校と同じように一段ずつ学年の階段を昇っていく過程であって、その途上における学修内容が厳しく問われることはないのです。このような現状を変えるために、1990年代以降、さまざまな制度改革の努力が重ねられてきました。しかしながら、変革が遅れ日本社会を袋小路に陥れている最大の要因は、国の政策にあるのではなく、日本社会自体にあります。すなわち、各職場の意識や人事制度、タテ割りで風通しの悪い組織体質などです。

　これに対して、欧米諸国のシステムは、具体的な職務を前提として人事を行う「ジョブ型」です。したがって、職務によって、人の能力や適性を評価し、最適任の人を雇用します。その職務が必要なくなれば、その人は、その能力を正当に評価してくれる場所に移ることになります。欧米では、それぞれの人々が「何ができるのか」という能力中心の考え方で社会が動いています。

　最近、職務内容を明確にして成果で社員を処遇する「ジョブ型雇用」を導入する企業が増えています。また、主要企業の2022年度中途採用は採用計画全体で３割を超えるとの調査結果もあり、新卒を一括採用してさまざまな部署を経験させながら育てる手法が変わり、労働市場が流動化しつつあります[13]。新型コロナウィルス感染拡大にともなって普及した在宅勤務の定着を図るために、在宅勤務に限定した社員の採用を始める企業も出てきました[8]。さらに、自分の都合のよい時間に単発の仕事を請け負うギグ・ワーカー[14]（gig worker）も登場し、業務委託の形で中高年のもつノウハウと企業のニーズの橋渡しをするサービスが実施されています[8]。

　このように、わが国の伝統的な雇用体制が崩れ、人々の職務に対する意識

も変化しつつあります。設備投資、研究開発投資および人材育成投資が企業に求められる三つの投資です。これらの中で、人材育成投資が欠かせないということは誰も異論はないでしょう。しかしながら、わが国の企業の人材育成投資は、国際的に非常に低水準に止まり、この減少傾向が続いているのが現状です。とくにサービス産業では1990年代前半から減少傾向が顕著です[15]。二十一世紀社会の発展に貢献する人材育成の責務をもつ大学は、長期的展望に立って育てるべき人材像を明確にして、それを実現していくことが肝要です。それぞれの大学が「どのような領域でどのように活躍する人材を送り出したいのか。」というメッセージ（大学の社会に対する「約束」）によって、領域設定や人材像が明確であるほど大学における学びが特徴あるものとなり、社会が「あの大学の出身者なら、このような活躍が期待できるであろう。」と具体的にイメージできます。

第3節　リカレント教育

　日本の伝統的な企業内教育訓練に替わって、高等教育機関におけるリカレント教育が重要になってきます。リカレント教育（recurrent education）は、スウェーデン経済学者ゴスタ・レーン（Lars Gösta Rehn）が提唱した概念です。スウェーデンのオロフ・パルメ（Sven Olof Joachim Palme）教育相（当時）が、これを第6回欧州教育相会議（1969年）において取上げ、経済協力開発機構（OECD）が公式に採用（1970年）して、「リカレント教育：生涯学習のための戦略」報告書[16]（1973年）を公表しました。この報告書では、青少年期という人生の初期にのみ集中していた教育を、個人の全生涯にわたって、労働・余暇・その他の活動とを交互に行うように提案しました。OECDの提唱するリカレント教育は、個人が社会の急速な変化に対応していくためには、生涯を通じての教育が必須であり、従来は人生の初期にのみ集中していた教育へのアクセスを、すべての人々の全生涯にわたり分散・循環させるという考え方が基盤となっています。この考え方は、国際的に広く認

知され、1970年代から教育政策論として各国に普及しました。

　生涯学習（lifelong learning）は、わが国では従来から、主に学校教育を終えた後の社会人が大学等の教育機関を利用した教育をさして、「人々が自己の充実・啓発や生活の向上のために、自発的意思に基づいて行うことを基本とし、必要に応じて自己に適した手段・方法を自ら選んで、生涯を通じて行う学習」という定義［1981年（昭和56年）の中央教育審議会『生涯教育について（答申)』］が広く用いられていました。すなわち、生涯学習とは、人が生涯に渡って行うあらゆる学習のことをさしており、その中には、趣味やスポーツ、ボランティア活動等、生きがいとして学ぶ学習活動も含まれます（表2-5）。また、生涯学習の大きな目的は、豊かな人生を送るために生涯にわたり学び続けることです。

表2-5　リカレント教育と生涯教育との相違点

	目　的	内　容
リカレント教育	仕事に活かす	働くことを前提として、仕事に活かせる知識・技能を学ぶ。 趣味や生きがいを目的とした学びは含まれない。
生涯学習	より豊かな人生を送る	仕事に活かせる知識・技能だけではなく、趣味やスポーツ、ボランティアなども学ぶ。 仕事に直接つながらないものも含まれる。

　リカレント教育と生涯学習は混同されがちで、大学などの社会人を対象としたリカレント教育が、「生涯学習講座」と名づけて開講されている場合も多く、明確に区別されていないことも多いようです。リカレント教育は「仕事に活かす」ことを目的としているのに対して、生涯学習は「より豊かな人生を送る」ことを目的としています（表2-5）。リカレント教育は、あくまでも仕事に活かせる知識・技能の修得をめざすもので、趣味や生きがいを目的とした内容は含まれません。一方、生涯学習には、仕事に活かせる知識・技

能だけではなく、趣味、スポーツ、ボランティアなど、仕事には必ずしも直結しないものも含まれます。リカレント教育よりも生涯教育の方が広義の言葉であり、リカレント教育は生涯教育の一つと考えるのが妥当でしょう。わが国では、「生涯学習」は高齢者の趣味的な学びというイメージでした。それはそれなりに意味があることですが、国際的に議論されてきた生涯学習は、より若い世代を念頭に置いた職業能力を高めることを目的とした学びです。OECDの提唱したリカレント教育は、学校教育を人々の生涯にわたって分散させようとする理念であり、職業上必要な知識・技能を修得するために、フルタイム就学とフルタイム就職とを繰り返すことです。

リカレント教育のニーズは高いが高等教育機関は活用されていない

　DX時代を反映して、生涯の間に複数のキャリアをもつために、社会人の「学び直し」の重要性が広く共有されていることは、多くの調査結果からも明らかになっています[15]。しかしながら、大学等が、このニーズに対応できていないのが現状です。

　大学等におけるリカレント教育の普及状況を推測できるデータは多種類ありますが、四年制大学への25歳以上の入学者の割合は、国際的にみて、最低レベルです[17]。UNESCOが公表している資料（表1-7　p. 35）は、諸外国では一人の人が複数回大学に入学していることを示唆しています。日本の大学入学者（2021年度）の18-20歳の割合は97.9%[18]ですから、わが国の大学は、ほとんど高等学校卒業直後に入学試験を経て入学した学生で構成される均質性の非常に高い組織となっています。これに対して、世界ではさらに専門性を高めるために、社会人を続けながら大学で学ぶという国も多く、キャリアの多様性にもつながっているとともに、大学は多様な年齢層の学生から構成されています。

　大学院への社会人入学者数については、入学者全体に占める割合が、2003年（平成15年）の専門職大学院設置により10%を超えましたが、2005年以降は17%程度の横ばい状態が続いており、社会人入学者数は１万７千人程度に

とどまっています[17]。大学院進学率（表1-7　p. 35）は、主要国の中で非常に少ない国の一つとなっています。しかし、分野や個々の大学院によって状況も異なり、学生のほとんどが社会人学生の専門職大学院もあります。したがって、専門職大学院・大学の取組による増加が期待できます。リカレント教育が成功している国では、一般的に労働者の流動性が高い傾向にあります。「仕事に必要な知識や技能の修得は教育機関で行い、入社後はすぐ実践で活躍してもらえる人材を選ぶ。」という文化があるわけで、専門職大学院・大学が、この文化の醸成に貢献することを期待します。

　大学におけるリカレント教育が低調な理由を示唆する調査結果[19]を紹介します。日本企業（574社）に、社員が経営系大学院で学ぶことを推奨しない理由を問うたところ、「社内で十分に育成が可能」と答えた企業はわずか11.2%にとどまっているにも拘わらず、「経営大学院で学ぶことで、具体的にどのような効果があるのかよくわからない」の答えが38.3%、「どのようなことを、どのように学ぶかなど、具体的な内容がよくわからない」の答えが31.6%にも達しており、大学院が提供している教育内容やその効果に対して不信感をもつ企業が多数ありました。日本企業は、もはや社内教育訓練だけでは社員の能力を維持・伸長することは難しいとは認識しているものの、大学院での教育は「具体的に」よくわからず、「効果」もあまり期待できないと考えているのです。

　大学等における低調なリカレント教育を補塡（ほてん）しているのが、民間企業等です[20]。教育訓練プロバイダー総数（15,105）全体に占める組織形態ごとの占有率が最も高いのは、経営者団体で全体の3割強を占めています（表2-6）。ついで、民間企業、公益法人、専修・各種学校と続き、大学等は776組織となっています。約1万5千組織の教育訓練事業収入から推計される市場規模は、およそ1兆3千億円となります。事業収入の観点から占有率を計算すると、教育訓練需要の7割強は、民間企業によって供給されていることになり、大学院・大学は5％程度と推計されます。

表2-6　教育訓練プロバイダー総数と占有率

	総数（占有率）
民間団体	4,351（28.8%）
経営者団体（合計）	5,196（34.4%）
商工会議所	428（2.8%）
商工会	1,365（9.0%）
商工組合・事業協同組合	3,403（22.5%）
公益法人	2,250（14.9%）
職業訓練法人（含：能開協会）	400（2.6%）
専修・各種学校	2,142（14.2%）
大学等（合計）	766（5.1%）
国立大学	40（0.3%）
公立大学	35（0.2%）
私立大学	406（2.7%）
短期大学	252（1.7%）
高等専門学校	33（0.2%）
全　体	15,105（100%）

リカレント教育マネジメントと教員の意識改革

　大学は、従来から、18歳人口減少に対する対策の一つとしてリカレント教育を考えてきました。そのため、既存の教育インフラをリカレント教育にも利活用しようと考えるのは当然かもしれません。しかしながら、リカレント教育マネジメントは、高等学校卒業後すぐ入学してくるフルタイム学生を想定した教育マネジメントとは全く異なることを認識する必要があります。

　中央教育審議会『2040年に向けた高等教育のグランドデザイン（答申）』

は、従来のリカレント教育に対しては非常に厳しい指摘をしています[21]（コラム2-6）。OECD日本教育政策レビュー[22]でも、わが国の生涯学習への参加率の低さの要因は、成人の時間的および経済的な制限、教育内容が労働市場との関連性に欠ける点、関心または動機の欠如と分析しています。そして、生涯学習率を高めるためには、学習が労働市場のニーズに沿ったものであること、失業者または積極的に労働市場に関わっていない者の就職支援につながること、そして学ぶ時間が限られている労働者が参加できるようにすることを求めています。

コラム 2-6

中央教育審議会のリカレント教育に対する指摘
従来行われてきたリカレント教育は、**必ずしも学修者の視点に立っておらず、リカレント・プログラムの内容や供給数、実践的な教育を行える人材の確保、受講しやすい環境の整備**などが課題である。

　リカレント教育は、①在職または転職後により高度な専門職への昇格をめざす「キャリア・アップ」、②一定期間休職後に元の職場・職種への復職に資する「キャリア・リフレッシュ」、③現在の職場・職種より有利な職への転職をめざす「キャリア・チェンジ」など多様な目的に対応する必要があります。しかも学修者は、すでに豊富な社会経験をしていますから、自分自身のキャリア・デザインをもっています。したがって、高等学校から入学してきた学生に対する教育とは異なるマネジメントが不可欠です。しかも、学修者目線に立った柔軟なカリキュラムや学修指導が重要です。さりとて、リカレント教育プログラムと高等学校から入学してきた学生に対する教育プログラムを分離することは禁物です。両者の融合による年齢や経験の異なる学生達の交友によって、高度な学修者本位の教育が期待できます。これに沿った教員の意識改革が重要で、そのためのファカルティ・ディベロップメント（FD）が不可欠です（第三部第3章第2節、pp. 174-180）。

第4節　多様性と自律性を育てる学修体制

　二十一世紀初頭の日本の大学に打ち寄せている三大波は、オンライン化、グローバル化および少子高齢化（人生100年時代）です。オンライン化とグローバル化がタテ型社会からヨコ型社会への変革を求めていることは解説しました。「多様化」という言葉は世界に満ち溢れていますから、何となく理解できたような錯覚に陥りますが、「価値を測るモノサシの多様化」であることを認識する必要があります。社会の複雑化とグローバル化による社会変革は、同じように考えられます。それは価値を測る「モノサシ」が増えることです。グローバル化は、さまざまな文化や言語さらには考え方までが交差し合い複雑になります。かつては、物事を共通的に認識されているモノサシでみていましたが、複雑な事象を見ようと思えば、モノサシも複雑になります。固定されたモノサシが通用した時代は終わり、新しいモノサシ自体を探さなければならない（あるいは自ら作り提案する）時代が到来しています。このことを言葉の上では理解していても、意識（実感）していない場合も多いようで、高等教育の内容・方法を考える時に重要テーマの一つです。

　少子高齢化は、個々人にとっては人生の長寿化を意味しており、わが国の大学に根本的な変革を求めています。二十世紀に経験してきたものとは全く異なる人口構造を前提としなければなりません（図2-5）。二十世紀の日本は「拡張する社会」でしたが、二十一世紀の日本は「縮小し続ける社会」となりつつあります。この持続的縮小の中で、いかに教育生産性の向上を図るかが大学等に問われている課題です。

図2-5　約1億人でも、年齢構成が大幅に変化[23]

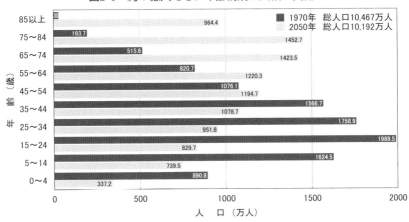

日本人の平均寿命は、1950年時点で、男性58.0歳、女性61.5歳でしたが、2000年には、男性77.7歳、女性84.6歳と大幅に伸びました。その後も伸び続けて、2050年には、男性約84歳、女性約90歳に達すると予測されています[24]。かつて平均寿命が80歳程度であった時代には、小学校入学から大学卒業までの約16年間は、人生の約2割でした。大学卒業後60歳まで働き続けると40年弱となります。この比率をそのまま人生100年時代に当てはめると、学びの時間は20年程度となります。もちろん、これは仕事の内容や期間もそのまま伸びた場合であって、仕事の内容や期間が変われば、学びの時間はもっと長くなります（図2-6）。100歳まで生きると仮定して、勤労時代に毎年の所得から約1割を貯蓄し、引退後、最終所得の半分相当の資金で暮らしたいと考えた場合には、80歳まで働く必要があります。とくに、「仕事」のステージが長くなり、かつ知識や技術が日進月歩で変革しますから、生涯の間に複数のキャリアをもつこと（マルチステージ）が不可欠となります。生涯を通じて、生き方、働き方を柔軟に修正する力をもち続けることが求められます。すなわち、人生100年時代には、自らの学習の時間や内容をどのように設計するかが、個々人の人生の帰趨を決めることになります。

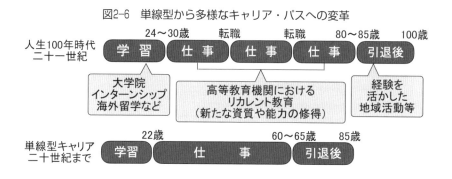

図2-6　単線型から多様なキャリア・パスへの変革

　社会の産業化と寿命の伸びによって、二十世紀には「学習→仕事→引退後」という単線型サイクルが確立され、確実性と予測可能性が生まれました。工業社会の生産力は、この確実性と予測可能性に支えられて発展しました。そして、与えられた役割を忠実にこなす優等生が求められ、人々は「機会と選択肢の多さに戸惑う」ことはありませんでした。しかしながら、この単線型人生サイクルは、人生100年時代には崩壊しました。今や何が正解なのかはもちろん、正解と言えるものが存在するのかさえ保証されない時代に突入しており、自らが自律的に「正解」を探さなければならない時代です。

　グラットンとスコット[25]（L. Gratton and A. Scott）は、著書の中で、表2-7のように述べています。これまでは、「学習→仕事」「仕事→引退後」という二回しかなかった移行の機会が増えるのです。多くの人々に、新しい人生への転機が何度も出現するとともに、選択肢が大幅に増えるのです。マルチステージ化する人生を有効に生き抜くためには、「移行（変身）」を上手に重ねることが肝要です。ところが、日本人の現状では、ほとんどの人が生涯で何度も変身を実行する能力（変身術）をもっていません。変身を成功させるためには、表2-7の第三項目ができなければなりません。

表2-7　人生100年時代のマルチステージ人生

- マルチステージ人生が普通になれば、私たちの人生で多くの移行を経験することになる。
- これまで年齢とライフステージがある程度対応していることを前提として構築されたさまざまな制度が根底から揺らぐこととなる。
- それぞれの人は、柔軟性をもち、新しい知識を獲得し、新しい思考様式を模索し、新しい視点で世界を観て、力の所在の変化に対応して、ときには古い友人を手放しても新しい人的ネットワークを築くことが必要である。

　このように考えると、高等教育の役割は、知識・技能の実装ではなくて、変身できる資質・能力を養成することとなりますから、これからの大学等は根底的な意識変革が求められることになります。今まで蓄積された知識・技能による再訓練ではありません。既存の仕組みを前提とした再訓練ではありません。グラットンとスコット[25]が指摘しているように、「新しい思考様式を模索し、新しい視点で世界を観て、力の所在の変化に対応」（表2-7）していくことが重要です。

　この章の冒頭で示した教育生産性の分子が、「知識・技術の質や量」ではなく、「資質・能力」となっている理由は、上記の考え方を反映した結果です。繰り返しになりますが、学士課程教育は、早期専門化を図るのではなく、学生の広い視野を涵養し、自律的かつ多様な学修を促すためのリベラル・アーツを中心とした統合学修（integrated learning）を中心とすべきです。知識や技術が日進月歩の時代では、最も重要なことは、自律的な学習に取り組むための基盤的技能を身につけることであることを大学関係者は認識・実践した上で、このことを社会に向けて発信して、社会の理解を得ることも大学人の責務です。もはや、相対的・変化対応型で済む時代ではなく、根本的・本質的な対応が求められています。「本質的な変革の要請」は、1990年代末から求められていたわけですが、変革の本質を見極め、スピード感をもって

十分には対応できないまま、30年の月日が流れてしまったわけです。大学院・大学教育の未来への明確なビジョンを欠いたまま、各大学等や各教員が、目先の改革に追われて、疲弊することは絶対に避けなければなりません。

《注》

⑴　中央教育審議会（2018）『2040年に向けた高等教育のグランドデザイン（答申）』https://www.mext.go.jp/content/20200312-mxt_koutou01-100006282_1.pdf　中教育審議会大学分科会（2020）『教学マネジメント指針』　https://www.mext.go.jp/content/20200206-mxt_daigakuc03-000004749_001r.pdf

⑵　川口昭彦（2009）（独立行政法人大学評価・学位授与機構編集）『大学評価文化の定着―大学が知の創造・継承基地となるために』大学評価・学位授与機構大学評価シリーズ、ぎょうせい、pp. 49-50

⑶　「一般教育等」とは、1991年以前の大学設置基準が定めていた一般教育科目、外国語科目および保健体育科目の総称である。

⑷　川口昭彦（2005）「国立大学における教養教育の取り組みと評価―大学評価・学位授与機構の実情調査報告書と評価報告書から―」『大学評価・学位研究』第1号　pp. 5-17

⑸　独立行政法人大学改革支援・学位授与機構編著『危機こそマネジメント改革の好機』大学改革支援・学位授与機構大学マネジメント改革シリーズ、ぎょうせい、2022年　p. 134

⑹　文部科学省　科学技術・学術政策研究所（2018）「科学技術指標2018」調査資料-274、2018年8月を参考に著者が作成

⑺　人文・社会科学：人文科学、社会科学、芸術。自然科学：理学、工学、農学、保健（医・歯・薬・その他）。その他：家政、教育、その他

⑻　川口昭彦、江島夏実（2021）（一般社団法人専門職高等教育質保証機構編）『リカレント教育とその質保証―日本の生産性向上に貢献するサービスビジネスとしての質保証』専門職教育質保証シリーズ、ぎょうせい、pp. 25-34

⑼　濱口桂一郎（2009）『新しい労働社会～雇用システムの再構築へ』岩波新書

⑽　内閣官房人生100年時代構想推進室（2017）人生100年時代構想会議資料　計画的なOJT及びOFF-JTの実施状況　https://wwwwa.cao.go.jp/wlb/government/top/hyouka/k_42/pdf/s3-1.pdf　p. 13

⑾　厚生労働省　平成29年版　労働経済の分析—イノベーションの促進とワーク・ライフ・バランスの実現に向けた課題—　https://www.mhlw.go.jp/wp/hakusyo/roudou/17/dl/17-1-2.pdf

⑿　内閣官房人生100年時代構想推進室(2017)人生100年時代構想会議資料　民間企業における教育訓練費の推移　https://wwwa.cao.go.jp/wlb/government/top/hyouka/k_42/pdf/s3-1.pdf　p. 12

⒀　日本経済新聞電子版（2022年5月6日）「3メガバンク、中途採用22年度8割増　新卒偏重から転換」　https://www.nikkei.com/article/DGXZQOUB233PT0T20C22A4000000/?n_cid＝NMAIL007_20220507_A&unlock＝1

⒁　ギグ（gig）とは、音楽領域の英語で、ライブハウスでの短い演奏セッションやクラブでの一度限りの演奏を意味する俗語（slang）に由来する。

⒂　日本生産性本部　国際連携室（2021）『PX: Productivity Transformation　企業経営の新視点』生産性出版　pp. 49-51

⒃　Centre for Educational Research & Innovation (1973) Recurrent Education: A Strategyfor Lifelong Learning. OECD Publications.　日本語訳：教育調査/文部科学省編　第88集（1974）リカレント教育：生涯学習のための戦略

⒄　独立行政法人大学改革支援・学位授与機構編著『危機こそマネジメント改革の好機』大学改革支援・学位授与機構大学マネジメント改革シリーズ、ぎょうせい、2022年　p. 32-37

⒅　文部科学省　学校基本調査　https://www.e-stat.go.jp/stat-search/files?page＝1&layout＝datalist&toukei＝00400001&tstat＝000001011528&cycle＝0&tclass1＝000001161251&tclass2＝000001161252&tclass3＝000001161253&tclass4＝000001161255&stat_infid＝000032155536&tclass5val＝0

⒆　吉田文（2018）「労働市場・社会人学生・大学（院）トリレンマ」IDE　現代の高等教育No. 604　2018年10月号　pp. 10-14

⒇　独立行政法人　労働政策研究・研修機構（2007）労働政策研究報告書No. 80　教育訓練サービス市場の現状と課題　https://www.jil.go.jp/institute/reports/2007/documents/080_02.pdf　pp. 33-39

㉑　中央教育審議会（2018）『2040年に向けた高等教育のグランドデザイン（答申）』https://www.mext.go.jp/content/20200312-mxt_koutou01-100006282_1.pdf　p. 15

㉒　OECD【編著】森利枝【訳】米澤彰純【解説】（2009）『日本の大学改革—OECD高等教育政策レビュー：日本』明石書店　pp. 13-31

⒇　1970年は総務省「国勢調査」より作成。2050年は国立社会保障・人口問題研究所『日本の将来推計人口（平成29年推計）』の出生中位・死亡中位仮定による推計結果より作成。

⒇　国立社会保障・人口問題研究所（2017）『日本の将来推計人口　平成29年推計』https://www.ipss.go.jp/pp-zenkoku/j/zenkoku2017/pp29_ReportALL.pdf

⒇　Gratton, L., Scott, A.（2016）"The 100-Year Life: Living and Working in an Age of Longevity" Bloomsbury Information Ltd. リンダ・グラットン、アンドリュー・スコット著、池村千秋訳（2016）『LIFE SHIFT（ライフシフト）100年時代の人生戦略』東洋経済新聞社

第2章

人間力を育む

　「今はVUCAの世界になった。」と言われることがあります。VUCAとは、Volatility（変動性）、Uncertainty（不確実性）、Complexity（複雑性）、Ambiguity（曖昧性）の頭文字を並べたものです。これは、1990年代後半にアメリカ合衆国で軍事用語として用いられていましたが、2010年代になってビジネス業界でも使われるようになりました。すなわち、テクノロジーの進歩は急速であり予測は困難となり、世界の市場は不確実性や不透明性を増す状況となって、不安定なビジネス状況を表現する言葉です。DX社会はまさにVUCA社会であり、社会の多様化・複雑化にともなって、何が正解か分からない時代に突入しています。

　二十世紀工業社会では、客観的な正解が予測でき、それに到達するための「知の深化（一つの領域を深掘りする）」が重要視されました。ところが、二十一世紀のVUCA社会では、「知の深化」に加えて「知の探索（異なる領域に拡げ結びつける）」が重要になります。すなわち、タテ方向に深掘りを図るだけでは不十分で、ヨコ方向への広がりが不可欠となっています。これが、DX社会の能力論（第一部第3章第1節　pp. 47-50）すべてで、知識や技能の上位概念として、自律性、責任感、傾聴力、論理思考など基盤的基礎力（人間力）が強調されている所以です。図2-7に二十一世紀の人材に求められる普遍的な能力をまとめました。

図2-7　二十一世紀社会を支える人材が備えるべき普遍的な能力

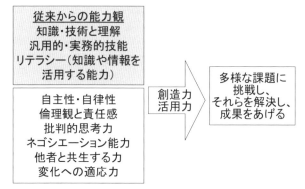

　人工知能（AI）は今や私たちの生活に欠かせないものとなり、AIとの付き合い方が課題となっています。高橋宏和[1]は、生命知能（人間の脳に宿る知能をこのようによんでいます。）は「自律化」のためにあり、人工知能は無駄を省くための「自動化」の技術であると分析しています。私たちが、人工知能と共生するためには、生命知能にしかない「意識システム」を鍛え上げることこそが肝要であると主張しています。

第1節　技能を身につける

　二十世紀までは比較的予測可能な社会でしたから、対応しなければならない「課題」も共通性があり、対応策も予測できました。したがって、各種情報等を整理し答えを導き出す「課題解決力」の技能が求められました。しかしDX社会では、「課題」も多様化・複雑化していますから、まず最初に求められる技能は「課題発見力」となります。周囲の状況から「本質的な課題は何か」を的確に判断することが求められます。これに求められる資質・能力は「統合力」です。もちろん、問題発見の後には問題解決力が必要となります。
　従来からの大学教育では、知識・理解、汎用的・実務的技能およびリテラ

シー（知識や情報を活用する能力）が重視されてきました。いわゆる「モノ知り」の育成が中心であったわけです。しかしながら、これだけでは二十一世紀社会の人材には不十分であることは明らかです。これらの能力に加えて（あるいはそれら以上に）、論理性や批判的思考力を備えた広い視野、主体性と責任感を備えた行動力、高度な専門的知識と倫理観を基礎に自ら考え行動し、新たな知やそれに基づく価値を創造することが求められます。

　学士課程教育において基本的な知識・理解と技能および基盤的な人間力を身につけた上で、大学院においてはプロフェッショナルとしての学修を行い、修了者には、企業経営者等のリーダー的立場に就く者、起業家、国際機関等で持続可能な開発目標（Sustainable Development Goals, SDGs）の達成に向けて地球規模の課題に取り組む者、政策立案に携わる行政官、新たな知の創造に専門的に従事する研究者・大学教員等が想定されます。多様性が尊重されるDX社会を先導する人材には、自らの「知」の限界を認識し、多様な分野・立場の人々との協働により新たな「知」を創出することが求められます。このためには、図2-7に示します普遍的な能力に加えて、表2-8に示すような能力も不可欠となります。

表2-8　大学院修了者に求められる能力

・最先端の知にアクセスする能力（複数分野の知識・技術をそれぞれ価値づけて、それらを活用できる能力）
・課題を発見・設定できる能力
・仮説を立てて、それを検証できる能力
・社会的・経済的価値を判断・創出できる能力
・マネジメント能力

　多様化・複雑化し、変化の激しい社会では、特定の狭い領域だけにとどまらないトランスファラブルスキル[2]（transferabale　skills）が不可欠です。かつては、「分野横断的」知識・理解が注目されましたが、今や、トランスファラブルな知識・技能が社会の発展に寄与する時代になっています（コラ

ム2-7）。要するに、分野の枠組みを超えて応用可能で高度な知識・技能を涵養することが肝要であり、このような知識・技能こそが、現代社会の抱える複雑化した諸課題を理解し、解決に導くことになり、さまざまな局面で社会の発展に貢献するのです。

コラム 2-7

DX社会では、
トランスファラブルな（移転可能な、あるいは他分野でも応用可能な）
知識・技術そして**技能**が求められる。

　世界は、今や博士が産業革新を牽引する時代となっており、大学院教育を通じた人材の高度化（イノベーションの担い手を育成する仕組み）に日本の経済界が期待を寄せ始めています。イノベーションの担い手を育成する仕組みの弱さが産学の地盤沈下を招いています。学部卒業生が企業内教育訓練を通じて成り立っていた二十世紀までのシステムが崩壊しつつある中で、大学も企業も意識変革して、実務と学びの好循環を実現することに迫られています。とくに、文系大学院については、教授の後継者を育てる場から、学問で身につく大局観や学び続ける習慣、科学的に人を説得する技術の訓練を中心とした学修者本位の教育への脱皮が急がれます。しかしながら、学部を基礎として大学組織を編成し、大学院独自の教員組織や施設設備をほとんど充実しないまま大学院を拡充していますから、さまざまな問題や課題に直面しているのが現状で、教員の意識改革が重要です。

第2節　批判的思考力、社会的知性と創造的思考力

　大学院・大学教育で育成すべき人間力の三大要素は、批判的思考力、創造的思考力および社会的知性です。技術革新や新しい価値創造（創造力あるいは活用力）のために不可欠なものが、批判的思考です。「批判的」と言うと「物事のあら探し」をイメージするかもしれませんが、決してそうではあり

ません。「望ましい結果を得る可能性を増大させるために、認知的な技能や方略を用いること」と定義され、critical thinking ＝ directed thinking（目標志向的思考）とも述べられています[(3, 4)]。すなわち、物事の本質を見て、適切な分析によって最適解を見つけ出す思考法であり、仮説を立てて、今までの論理を分解して、データを用いて検証して、結論を導き出す手法です（コラム2-8）。この批判的思考力には、図1-12（p. 49）に示したコンピテンシーの中核に位置づけられた「省察性」や「思慮深さ」も含まれます。

コラム 2-8

　「批判」とは「あら探し」ではなく、理想的には思考過程を改善するための情報提供を意味する。

　批判的思考とは、複雑な判断、分析、統合、また**省察的な思考や自己モニタリングを含み**、文脈に敏感な**高次元の思考技能**である。

　日本の大学教育の課題を、敢えて一つだけ挙げると、批判的思考の教育が十分ではないことでしょう。教員にとって、自分がもっている知識を中心とした内容の講義をして、試験によって学生の理解度を評価することは楽でしょう。また、学生にとっても、講義を真面目に受講して試験で良い点をとることは、目標として立てやすいでしょう。しかしながら、大学教育に求められていることは、教員と学生あるいは学生同士の議論です。思い込みによる発言に対して、根拠は何ですか？　客観性はありますか？　という議論が重要になります。学生の省察性、思慮深さ（深く考え、行動する）を醸成する教育が求められます（図1-12　p. 49）。このような視点から学修者本位の教育[(5)]が提唱されています。

　批判的思考力は、一方向の講義形式の授業では、決して育成できません。批判的思考力の向上を図るためには、①学生自ら課題を立てる、②論拠を収集・吟味する、③自分なりの答えを出すの三つのプロセスが必要です（図2-8）。課題設定については、学生自身や社会の状況に即して的確か、論拠については過不足なく内容が適切か、そして論理的な答え（アウトプット）が出

ているかを評価する必要があります。この評価は、当該学生一人で行うのではなく、教員と学生による多方向の対話によって進めることが肝要です。これがアクティブ・ラーニングの必要性が強調される所以であり、教員も答えを知らないことに挑む必要が生まれてきます。このサイクルを繰り返すことによって、批判的思考力の質向上が期待できます。自らの「問い」を基点として物事の本質に迫る「知」を創り出すプロセスです。このような視座を保つための教員の意識改革も不可欠です。

図2-8　批判的思考力を育成するトライアングル

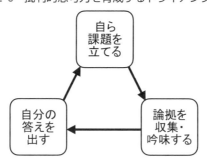

このように批判的思考力の質向上には「対話」が必要です。「他者に対して前向きな期待をもって対応することができ、他者にも基本的な尊厳と価値を認め、人間性を尊重できる。」「人とのつながりを構築し、人と人との影響関係を理解し、行動することができる。」等の社会的知性が重要です。また、理解・説得・交渉などの高度なコミュニケーションによるネゴシエーション能力も不可欠な社会的知性です。同じ課題でも他の人との認識や意味づけは異なります。課題が集団のコミュニケーションを誘発し、創造的対話の中で自らの内省や次なる課題を産み出すのです。

経済協力開発機構（OECD）では、2030年を見据えて、キー・コンピテンシーの改定作業[6]を行っています（pp. 49-50参照）。そこでは、新たな価値を創造する力、対立やジレンマを克服する力、責任ある行動をとる力が「変革を起こす力のあるコンピテンシー」として提言されています。このような

能力は、高等教育における学生の自主的活動等も含む教育活動全体を通して育成されるものです。基礎的かつ普遍的な知識・技能に加えて、数理・データサイエンス等の基礎的な素養をもち、多量のデータを駆使して、新たな価値を創造する能力が必要となってきます。とくに、AIなどの技術革新が進展する中で、新しい技術を使う側として、読解力や数学的思考力を含む基礎的で普遍的な知識・理解と汎用的な技能をもち、それらを活用して、技術革新と価値創造の源となる知の発見・創造など新たな社会を牽引する能力が求められます。すなわち、AIではできない、人間でなければできない役割を考え、実行できる人材が必要なのです。

　人間の強みは、現実世界を理解し、その状況に応じた判断と意味づけをすることができることです。AIが人間の能力を遥かに超えるのではないかという意見もありますが、AIの本質はアルゴリズムです。少なくとも現在のAIは、情報の「意味」（背景にある現実世界）を理解しているわけではありません。AIに目的や倫理観を与えるのは人間であり、アルゴリズムでは表現が難しい仕事や、高度な判断・発想を必要とする仕事などが、AIでは代替できないものと考えられます。AIは、人間の能力を補助・拡張し、可能性を広げるために有効な道具と捉えるべきです。私達の知識や技能をAIが補いますから、人の能力は底上げされます。

　大学は、個人の知的好奇心を揺さぶり活性化する場であるべきです。大学受験では偏差値というモノサシで高等学校生達が競い合っていたわけです。ところが、大学入学とともにそのモノサシがなくなり、目的意識が失せてしまっているのです。したがって、大学が行うべきことは、あらかじめ用意されたメニューを与えるのではなく、いろいろなモノサシを学生に示すことです。学生は、教員とあるいは学生同士との対話を繰り返しながら、自律的に個別最適な学びを選択します。

　高等教育機関に求められている「学修者本位の教育」をまとめるとコラム2-9になります。知識・理解（knowledge and understanding、何を知り、理解しているか）と技能（skills、知っていることを如何に活用するか）を

基盤とした、人間力（character、社会にどのように関わるか）の涵養です。人間力には、一人ひとりの思考力、判断力、表現力だけではなく、多様な人々と協働するための主体的かつ協調的な態度も含まれます。強調したいことは、知識・技能の修得の上位概念として、それらを活用する人間力の涵養が求められていることです。

コラム 2-9

・その時代の社会に貢献するために必要な「**主体性をもって多様な人々と協働して学ぶ態度**（主体性・多様性・協調性）」を養成する。
・その基礎となる「知識・技能を活用して、**自らの課題を発見し、その解決に向けて探究し、成果をあげる**ために必要な思考力・判断力・表現力等」を育成する。
・その基礎となる「知識・技能」を習得する。

第3節　ラーニング・ポートフォリオ：自律的「省察性」を育む

　DX社会における大学教育を実現するために重要なツールがラーニング・ポートフォリオ（以下本節では、「ポートフォリオ」と略します。）とアクティブ・ラーニングです。ポートフォリオは、学生の自律的「省察性」を育むための最適のツールです。アクティブ・ラーニングについては第三部第2章第2節（pp. 155-159）で議論します。

　学修者本位の教育を実現するにあたり、学修の個別化を進め、有効な学修支援を実現するためには、学修成果をより統合的かつ継続的に可視化する必要があります。従来のペーパーテストやレポートなど各授業における成績の単なる集積ではなく、それらをデータとして、その学びを学修者自らが振り返るための仕組みとして、ポートフォリオが重要な意味をもっています。

　「ポートフォリオ（portfolio）」とは「書類を挟むファイル」の意味であり、

　ポートフォリオは、コラム2-10のように定義されています[7]。すなわち、学生が、自らの学修過程や学修成果（たとえば、学修目標・学修計画表と達成状況、課題達成のために収集した資料や遂行状況、レポート、学習成績、単位取得表等）を長期にわたって収集したものです。これらを必要に応じて系統的に選択し、学修過程を含めて達成度を評価して、次に取り組むべき課題を発見してステップアップに結びつけるための自律的な学修の促進・支援を目的としています。

コラム 2-10

ラーニング・ポートフォリオとは、

・学生が、**学修過程**および**各種の学修成果**（たとえば、学修目標・学修計画表とチェックシート、課題達成のために収集した資料や遂行状況、レポート、成績単位取得表など）を長期にわたって**収集・記録**したもの。

・**学修到達度を自ら評価**し、**次に取り組むべき課題をみつけてステップアップを図る**ことができる。このような**学生自身の自己省察を促す**ことにより、**自律的な学修を深化させる**ことを目的とする。

・従来の到達度評価では測定できない**個人能力の質的評価**を行うことが意図されているとともに、教員や大学が、**組織としての教育成果を評価する**場合にも利用できる。

　ポートフォリオは、学生にとっては、自ら学修を日頃から振り返ることによって、到達目標に向けての取り組むべき課題を見出し、キャリア形成に向けて踏み出していくために作成するものです。他方、教員にとっては、学生に対する個別指導を可能とし、総括的評価だけでなく形成的評価のプラットフォームとして機能させることができます[8]（表2-9）。すなわち、学生が学修に対して主体性および自律性をもって取り組む姿勢を支え、DX社会にふさわしい目標を掲げた授業を支える基盤として機能します。組織にとっては、ポートフォリオの情報を集約し一元的に分析することで大学計画（institutional research, IR）情報として活用でき、ディプロマ・ポリシーが達成

されるようカリキュラム・ポリシーに則った教育が行われているのかどうか
に関する判断材料を提供します。

表2-9　ラーニング・ポートフォリオの特徴と期待される効果[8]

学生が学習したことを根拠づけ、説得力のある資料である。
・多様な知識と技能の根拠を一カ所に整理する。 ・学修全体がどの様に積みあげられたかを確認しながら、学修を検証する。 ・授業科目またはプログラムの成果だけではなく、学生がどのように成長したかも併せて示す。テストの点数、ルーブリック、評定だけよりも内容の豊富な記録である。
学生にとっても教員にとっても価値がある。
・学生が目標の達成を記録する方法を考え、自らの学修に積極的に関与する。 ・学生の内省を促すことにより、統合とメタ認知のスキル向上が期待できる。 ・学修活動において、均一性よりも多様性が広がる。 ・学生と教員との間の対話を促す。 ・学生が何を学んだかだけではなく、どのように学んだかについても情報が提供されることにより、教員の教授法の改善・向上に資する。

　ポートフォリオは、学士課程教育の転換をはかるため、成果の評価における具体的測定手法として、学修到達度調査やルーブリックとともに、速やかに取り組むことが求められる事項として位置づけられています[8]。ポートフォリオの活用に関する学長・学部長アンケート（2012年）によりますと、「導入すべき」と考える割合が約40％に達し、「どちらかといえば導入すべき」を合わせた肯定的な回答が80％近くにも達しています。このように、現場では高い重要性が認識されているにもかかわらず、全国の大学におけるポートフォリオの導入は、このアンケート調査から6年が経過した2018年の文部科学省調査[9]でも、約26％にとどまっているのが、残念ながら現状です。ポートフォリオ普及のための積極的な取組が、今後の日本の大学教育の発展のためには不可欠です。

　ポートフォリオを導入している大学の多くでは、その目的や意義について十分に学生・教職員の理解が得られておらず、期待した教育改善の成果にはつながっていないのが現状です[10]（表2-10）。すなわち、ポートフォリオのシステムが導入されたとしても、学生や教職員が、その目的や意義を正しく理解した上で活用の具体的方法を知らなければ、また、そうした支援体制が整っていなければ、システムを導入したとしても活用されることはありません。

表2-10　ラーニング・ポートフォリオ活用上の問題点

学生の問題点	・ポートフォリオの意義・目的およびメリットが理解されていない。 ・効果的な学習方法を身につけようとしない。 ・学修状況の書き込みを継続しない。
教職員の問題点	・学生にポートフォリオのメリットを理解させられない。 ・教育プログラムの評価に反映する方法がわからない。 ・学生の評価にポートフォリオをどのように活用すべきかわからない。 ・学生の記録や自己評価にフィードバックをしない、コメントの仕方がわからない。
大学組織の問題点	・導入目的や意義が組織として十分に認識・共有されていない。 ・組織に活用する体制が確立されていない。 ・活用を促進するための仕組みがない。 ・継続的に運営するための財政的基盤・設備・人的資源がない。

　表2-10に指摘された問題について、学生に対しては、ポートフォリオに取り組むことの価値が理解されるよう、包括的な情報提供の場を設ける必要があります。さらに、各授業における学生と教員との信頼関係構築も肝要です。加えて、教員自身がポートフォリオの意義や活用方法を正しく理解することが必須となりますが、このためには第三部第3章第2節（pp. 174-180）に述べるファカルティ・ディベロップメントの推進が有効です。ポートフォ

リオは、いわば教学に関する大規模な基礎データですから、予算措置を行い
このデータを活用して大学の教学方針に活用できるような組織体制を構築す
ることが必要です。

　学生一人ひとりのポートフォリオが機能するためには、学生・教員・組織
の三者による、その価値の理解と活用を支える仕組みが必須ですが、これは
簡単なことではありません。しかし、これが実現することによって、学修の
個別化・可視化が可能となり、DX時代の新しい大学として一歩を踏み出せ
ることになります。

《注》

⑴　高橋宏知（2022）『生命知能と人工知能—AI時代の脳の使い方・育て方』講談社

⑵　江原武一（2007）「大学院教育の改革—90年代後半」立命館大学高等教育研究
　　第7号　pp. 75-87

⑶　Halpern, D.F.（1996）"Thought and Knowledge: An Introduction to Critical
　　Thinking（3rded.）" Lawrence Erlbaum, NJ

⑷　Halpern, D.F.（1998）Teaching critical thinking for transfer across domains:
　　Dispositions, skills, structure training, and metacognitive monitoring. Ameri-
　　can Psychologist **53** 449-455

⑸　中央教育審議会（2018）『2040年に向けた高等教育のグランドデザイン（答申）』
　　https://www.mext.go.jp/content/20200312-mxt_koutou01-100006282_1.pdf

⑹　OECD Future of Education and Skills 2030　http://www.oecd.org/education/
　　2030-project/
　　OECD Education 2030プロジェクトについて　https://www.oecd.org/education/
　　2030-project/about/documents/OECD-Education-2030-Position-Paper_Japanese.
　　pdf

⑺　中央教育審議会（2012）『新たな未来を築くための大学教育の質的転換に向け
　　て〜生涯学び続け、主体的に考える力を育成する大学へ〜（答申）』用語集
　　https://www.mext.go.jp/component/b_menu/shingi/toushin/__icsFiles/
　　afieldfile/2012/10/04/1325048_3.pdf　p. 38

⑻　リンダ・サスキー著　齋藤聖子訳『学生の学びを測る　アセスメント・ガイ

ドブック』高等教育シリーズ170　玉川大学出版部　2015年　p. 200を参考に
筆者が作成

⑼　中央教育審議会（2012）『新たな未来を築くための大学教育の質的転換に向け
　　て〜生涯学び続け、主体的に考える力を育成する大学へ〜（答申）』　https://
　　www.mext.go.jp／component／b_menu／shingi／toushin／＿icsFiles／afieldfile／
　　2012／10／04／1325048_1.pdf　p. 17

⑽　独立行政法人大学改革支援・学位授与機構編著『危機こそマネジメント改革
　　の好機』大学改革支援・学位授与機構大学マネジメント改革シリーズ、ぎょ
　　うせい、2022年　pp. 82-86

第3章

知識生産の分業と協働：理論と実践の融合

　第四次産業革命にともなう情報通信技術（information and communications technology, ICT）や人工知能（artificial intelligence, AI）の急激な発達、少子高齢化や温暖化など地球環境の急激な変化など、さまざまな変革が進む中で、日本の国力低下が囁かれ、産業のあり方と絡んで大学教育のあり方に関して、議論が進められてきました。

　高度な職業教育の受け皿としての高等教育機関をめぐる議論は、1960年代には高等専門学校や専修学校制度の発足、専門職大学院（2003年）・専門職大学（2017年）制度につながってきました。2019年から日本の高等教育機関のひとつとして「専門職大学」の誕生は、基幹的な高等教育機関の「大学」における教育目的、教育内容・方法の変革や、社会と大学の関係に大きく影響するものと期待できます。また、日本社会が、職務を中心とした欧米の「ジョブ型体制」に移行する好機でもあります。

　新制大学発足以来の専門職業教育の位置づけに関わる問題は、医学・歯学（後に、獣医学・薬学）の分野では学部教育の6年制、工学分野では学部（4年）プラス修士課程2年、法学では学部（4年）プラス予備校等における司法試験準備教育というように、それぞれの分野で現実的な対応が図られてきました。

第1節　専門職大学院

　専門職大学院は、アメリカ合衆国の職業大学院（professional school）をモデルとして導入されました。アメリカの大学院制度は、研究大学院（graduate school）と職業大学院の二元構造となっています。アメリカでは、人間形成を重視した教養教育・高等普通教育の場であるカレッジから出発して、

大学教員・研究者養成のための「研究大学院」を開設し、さらに専門職業人養成の場として「職業大学院」を発達させてきた歴史的経緯があります。これに対して、ヨーロッパ諸国では、かつては制度化された大学院は存在していませんでしたが、ボローニア・プロセスによってアメリカ型の大学院制度が急速に整備されています[1]。

　日本経済が戦後の復興期から成長期に移行し始めた1950年代後半頃から、大学院における専門職業教育の整備・充実の必要性が認識されるようになりました（コラム2-11）。学校教育法の改正〔2003年（平成15年）〕によって、専門職大学院制度が発足しました。それ以前の同法では「大学院は、学術の理論及び応用を教授研究し、その深奥を究めて、文化の進展に寄与することを目的とする。」と規定されていました。改正によって、この規定は「大学院は、学術の理論及び応用を教授研究し、その深奥をきわめ、又は高度の専門性が求められる職業を担うための深い学識及び卓越した能力を培い、文化の進展に寄与することを目的とする。」と改められました。すなわち、「職業を担うための学識・能力」が加筆されたわけです。さらに、第二項として「大学院のうち、学術の理論及び応用を教授研究し、高度の専門性が求められる職業を担うための深い学識及び卓越した能力を培うことを目的とするものは、専門職大学院とする。」という規定が書き加えられ、現在に至っています（表2-11）。これに基づいて、専門職大学院設置基準（平成15年文部科学省令第16号）も定められ、専門職大学院には「専門職学位課程」が置かれました。なお、学校教育法第九十九条第三項の教員の資質向上については、第三部第3章第2節（pp. 174-180）で議論します。

コラム 2-11

大学院教育は「高度専門職業教育」の時代へ
今後の大学院のあり方としては、その教育研究水準の質的向上とともに、研究者養成に加え、**高度専門職業人養成の役割をも重視**した、**多様で活力あるシステム**をめざすことが重要である。

表2-11　大学院および専門職大学院の目的

学校教育法第九十九条（昭和二十二年法律第二十六号）施行日：令和二年
四月一日
　　大学院は、学術の理論及び応用を教授研究し、その深奥をきわめ、又は
　　高度の専門性が求められる職業を担うための深い学識及び卓越した能力
　　を培い、文化の進展に寄与することを目的とする。
②　大学院のうち、学術の理論及び応用を教授研究し、高度の専門性が求め
　　られる職業を担うための深い学識及び卓越した能力を培うことを目的
　　とするものは、専門職大学院とする。
③　専門職大学院は、文部科学大臣の定めるところにより、その高度の専
　　門性が求められる職業に就いている者、当該職業に関連する事業を行う
　　者その他の関係者の協力を得て、教育課程を編成し、及び実施し、並び
　　に教員の資質の向上を図るものとする。

　これによって、日本の大学院制度は、一般大学院（ここでは、専門職大学
院と区別するために従来からの大学院をこうよびます。）と専門職大学院と
に二元化されたわけです。これは、第二次大戦後の大学院制度の改変である
とともに、二十一世紀社会の動向を視野に入れた大改革であったわけです。

　ここでは、社会の各分野において、指導的な役割を担う高度専門職業人の
養成に対する期待に応え、大学院修士課程は、その目的に即した教育研究体
制、教育内容・方法等の整備を図り、その機能を一層強化していくことが急
務になっていることが強調されています。そのために、特定の職業等に従事
するに必要な高度の専門的知識・能力の育成に特化した実践的な教育を行う
大学院修士課程の強化の必要性が言及されています。ここに、司法制度改革
の一環として、法科大学院を法曹養成の中核的教育機関と位置づける構想が
出てきて、法科大学院をも包含する「専門職大学院」制度が発足しました。
この経緯や課題の詳細に関しては、他書[2,3]をご参照ください。

　専門職大学院は、科学技術の進歩や社会・経済のグローバル化に対応し
て、国際社会で活躍できる高度専門職業人の養成に特化した課程（専門職学
位課程）として創設されました。一般大学院の修士課程とは異なる特徴があ
ります（表2-12）。理論と実践を架橋した教育を基本として、①実践的な教
育方法として、少人数教育、双方向的・多方向的な授業、事例研究、現地調

査等の実施、②研究指導や論文審査は必ずしも必須としない、③実務家教員を一定割合置く、などが制度上定められています。さらに、社会で活躍する職業人に、高度な専門性、最新の知識・技術を身につけさせるための継続的な学習の機会を提供することも、専門職大学院の重要な役割の一つです。

表2-12　専門職大学院と一般大学院修士課程の制度比較[4]

	専門職大学院			一般大学院修士課程
	専門職大学院	法科大学院	教職大学院	
目　　的	高度専門職業人の養成			研究者の養成、高度専門職業人の養成
標準修業年限	2年	3年	2年	2年
入学資格	大学を卒業した者又は文部科学大臣の定めるところにより、これと同等以上の学力があると認められた者（学校教育法第百二条）			
修了要件	30単位以上	93単位以上	45単位以上（内10単位以上は学校等での実習）	30単位以上修士論文作成（研究指導）
実務家教員	3割以上[*1]	2割以上[*1]	4割以上[*1]	―
授業方法	・事例研究・現地調査・双方向・多方向に行われる討論・質疑応答	① 同左 ② 少人数教育が基本（法律基本科目は50人以下）	① 同左 ② 学校実習・共通科目：必修	―
教育課程連携協議会	社会との連携を強化する観点から、当該職業に関連する事業を行う者等（産業界等）の協力を得て、教育課程を編成し、円滑かつ効果的に実施するため、教育課程連携協議会の設置を義務づける。			―
授与学位	○○修士（専門職）	法務博士（専門職）	教職修士（専門職）	修士（○○）
認証評価	教育課程や教員組織等の教育研究活動の状況について、文部科学大臣より認証を受けた認証評価機関の評価を5年毎に受審することを義務づけ、教育の質保証を図る。			大学機関別認証評価の中で実施される。

[*1]専攻分野における実務の経験を有し、高度の実務能力を有する者。数字は必要専任教員中の割合。

　制度創設時から法曹（法科大学院）、ビジネス・MOT（技術経営）、会計、公共政策、公衆衛生等の多様な分野で開設が進み、2008年度には、実践的指導能力を備えた教員を養成する教職大学院が設置され、2020年5月現在、117大学に165専攻（入学定員累計10,219名）が教育活動を行っています（表2-13）。

表2-13　専門職大学院の分野、大学院数、社会人学生の比率（2020年5月現在）[5]

分　野	内容の概要	修了後の進路	大学数合計	専攻数合計	社会人学生の比率[*1]
法曹養成（法科大学院）	法曹養成（裁判官、検察官、弁護士）	裁判官、検察官、弁護士、企業・行政機関の法務担当者等	35	35	22.1%
教員養成（教職大学院）	実践的な指導力・展開力を備えた教員、スクールリーダー（中核的・指導的な役割を担う教員）の養成	幼稚園、小学校、中学校、高等学校、特別支援学校の教員	54	54	44.7%
ビジネス・MOT	経営分野のリーダーを養成。MOT（技術経営）は、経営に技術の内容を融合した分野	経営企画・CEO候補者、独立・社内ベンチャー起業者、先端技術戦略・政策立案者、幹部技術者等	30	30	88.8%
会計	企業や行政機関等の会計並びに監査の担い手の養成。修了者は、公認会計士試験の一部科目が免除される。	公認会計士、企業や行政機関等における会計専門家、コンサルタント等	12	12	41.8%

公共政策	公共政策に関する総合的な能力（課題発見、分析・評価、立案等）を有する人材の養成	国際機関、行政機関等における政策・立案従事者等	6	6	41.3%
公衆衛生	健康の保持・増進、疾病の予防等に指導的役割を果たす人材の養成	公衆衛生行政担当者、企業等の健康管理専門家、病院の医療安全管理者、シンクタンク・NGO等のアナリスト等	5	5	77.6%
臨床心理	人間の心の問題への専門的援助ができる人材の養成。修了者は、臨床心理士資格試験の科目が一部免除される。	企業や教育機関におけるカウンセラー、医療・保健、福祉関係業務従事者等	5	5	17.4%
その他[2]			16	16	28.1%
合計			117[3]	165	52.9%

[1] 2020年5月現在。「社会人」とは、職に就いている者（経常的な収入を得る仕事に現に就いている者）、経常的な収入を得る仕事から既に退職した者、主婦・主夫をさす。

[2] 「その他」には、知的財産、原子力、コミュニケーション、情報技術関連、景観、助産、広報、ビューティビジネス、ファッション・ビジネス、教育実践等が含まれる。

[3] 一大学で複数の専攻を設置している場合があるため、各分野の大学数の合計は全大学数の合計とは一致しない。

　多様な分野の中で、法科大学院の状況だけを見て「専門職大学院は失敗だ」という声が聞かれます。確かに、2015年（平成27年）7月時点で54校であったものが2021年（令和3年）5月には35校に減少しています。法科大学院の入学志願者は、創設初年度は7万人以上でしたが、05〜07年度は4万人台、08年度は3万人台にまで減少しています。さらに、司法試験（2021年度）合

格者のうち、法科大学院修了生の合格率は34.6％で、100人を超える合格者があった法科大学院は3校のみでした[6]。一方、法科大学院を修了せずに予備試験を経て受験資格を得た者のうち、合格者の全合格者に占める割合は26.3％で、合格率は93.5％でした。

　しかしながら、法科大学院以外の多くの専門職大学院は、創設以来、一定程度の成果をあげ、定着が図られ、社会人教育を牽引する役割を担っています（表2-13）。ただ、高度専門職業人養成という観点から、一般大学院修士課程と専門職大学院の役割分担が明確（表2-12）ではないため社会からは分かりにくくなっています。文部科学省が、修士課程大学院の職業大学院化の政策を推進してきたこともあって、既存の研究科や専攻で、さまざまな形で専門職大学院のそれと類似した専門職業教育が行われています。専門職大学院設置基準が、専任教員や実務家教員の数などについて、一般大学院の設置基準より厳しいことが、一般大学院から専門職大学院への移行をためらわせる要因となっているものと考えられます。さらに、学部段階の専門職業教育と専門職大学院におけるそれとの関係も複雑です。モデルとなったアメリカ合衆国では、わが国とは異なって、学部段階では専門学部制をとっておらず、教育の主目的は教養教育と初歩的な専門教育・職業教育におかれています。研究大学院と職業大学院の制度的な差異も明確で、組織的にも独立しており、学部段階で受けた専門・職業教育とは関係なく、入学者を選抜して教育を実施しています。

第2節　専門職大学

　産業構造が急速に転換し、わが国の伝統的な企業内教育訓練が後退する中で、新しい価値創造ができる専門職業人材が急務となってきた状況に応えるために、学校教育法が改正され（2017年）、専門職業人の養成を目的とする新たな高等教育機関として、専門職大学および専門職短期大学が大学制度の中に位置づけられました（表2-14）。課程修了者には、「学士（専門職）」あ

るいは「短期大学士（専門職）」が授与されます。専門職を担うための実践
的・応用的能力の育成（表2-14　下線部分）のために、実習等の強化（卒業
単位の概ね三分の一以上。長期企業内実習等）、実務家教員の任用（必要専
任教員数の概ね四割以上）、産業界等との連携等が盛り込まれています。第
八十三条の二③に該当するものは、医学を履修する課程、歯学を履修する課
程、薬学を履修する課程のうち臨床に係る実践的な能力を培うことを主たる
目的とするもの（修業年限六年）および獣医学を履修する課程です。これら
の課程は、従来通り、一般大学の枠組みの中に位置づけられています。この
点が、アメリカ合衆国の職業大学院とは異なります。

表2-14　専門職大学を定めた学校教育法（昭和二十二年法律第二十六号　施行日：令和二年四月一日）

> 第八十三条　大学は、学術の中心として、広く知識を授けるとともに、深
> く専門の学芸を教授研究し、知的、道徳的及び応用的能力を展開させる
> ことを目的とする。
> ②　大学は、その目的を実現するための教育研究を行い、その成果を広く
> 社会に提供することにより、社会の発展に寄与するものとする。
> 第八十三条の二　前条の大学のうち、深く専門の学芸を教授研究し、専門
> 性が求められる職業を担うための実践的かつ応用的な能力を展開させる
> ことを目的とするものは、専門職大学とする。
> ②　専門職大学は、文部科学大臣の定めるところにより、その専門性が求
> められる職業に就いている者、当該職業に関連する事業を行う者その他
> の関係者の協力を得て、教育課程を編成し、及び実施し、並びに教員の
> 資質の向上を図るものとする。
> ③　専門職大学には、第八十七条第二項に規定する課程を置くことができ
> ない。

　この学校教育法に基づいて、専門職大学設置基準（平成二十九年文部科学
省令第三十三号）および専門職短期大学設置基準（平成二十九年文部科学省
令第三十四号）が公布されました。産業界および地域社会との連携による編

成・実施のために、「教育課程連携協議会」の設置が義務づけられました。
そして、産業界等と連携して教育課程を自ら開発・開設し、当該分野の状況
に応じて不断の見直しを実施すること、「職業倫理の涵養」に配慮すること
などが求められています。授業科目として、表2-15に示す四つが規定され、
卒業・修了要件として実習等による授業科目を一定単位数の修得が求めら
れ、同時に授業を行う学生数が、原則として40人以下となっています。実習
等による授業科目には、企業等における「臨地実務実習」を一定単位数を含
むことが求められました。さらに、専門性が求められる職業にかかる入学前
の実務経験が、当該職業を担うための実践的能力が修得されていると判断さ
れる場合には、当該実践的な能力の修得を授業科目の履修とみなして単位認
定［4年制で30単位以上まで／2年制で15単位以上まで］できる仕組みも規
定されています。

表2-15　専門職大学・短期大学が開設すべき授業科目と卒業要件

開設すべき授業科目
①　基礎科目　［4年制で20単位以上／2年制で10単位以上］
②　職業専門科目　［4年制で60単位以上／2年制で30単位以上］
③　展開科目　［4年制で20単位以上／2年制で10単位以上］
④　総合科目　［4年制で4単位以上／2年制で2単位以上］

卒業・修了要件として「実習等による授業科目」を一定単位数［4年制で
40単位以上／2年制で20単位以上］修得する。この「実習等による授業科
目」には、企業等での「臨地実務実習」を一定単位数［4年制で20単位以
上／2年制で10単位以上］を含む。

　専任教員数については、必要専任教員数の概ね4割以上は実務家教員（専
門分野における概ね5年以上の実務経験を有し、高度な実務の能力を有する
者）であること求められ、必要実務家教員数の二分の一以上が、研究能力を
併せもつことが必要です。また、実務経験を有する者その他入学者の多様性の
確保に配慮した入学者選抜を行うことが努力義務として規定されています。

　2022年4月現在、専門職大学15校（公立2校、私立13校）、専門職短期大学3校（公立1校、私立2校）および専門職学科1学科（私立1校）が設置されています⁽⁷⁾（表2-16〜2-18）。専門職大学等からの卒業・修了生が輩出されていない草創期の段階ですが、専門職大学が、わが国の生産性を高め、付加価値をあげることに貢献するものと確信します。

表2-16　専門職大学一覧（2022年4月現在）[8]

2019年度開設

大学名	学部名	学科名	学位名
高知リハビリテーション専門職大学	リハビリテーション学部	リハビリテーション学科	理学療法学士（専門職）
			作業療法学士（専門職）
			言語聴覚学士（専門職）
国際ファッション専門職大学	国際ファッション学部	ファッションクリエイション学科	ファッションクリエイション学士（専門職）
		ファッションビジネス学科	ファッションビジネス学士（専門職）
		大阪ファッションクリエイション・ビジネス学科	ファッションクリエイション・ビジネス学士（専門職）
		名古屋ファッションクリエイション・ビジネス学科	

2020年度開設

大学名	学部名	学科名	学位名
岡山医療専門職大学	健康科学部	理学療法学科	理学療法学士（専門職）
		作業療法学科	作業療法学士（専門職）
開志専門職大学	事業創造学部	事業創造学科	事業創造学士（専門職）
	情報学部	情報学科	情報学士（専門職）
	アニメ・マンガ学部（2021年度開設）	アニメ・マンガ学科	アニメ・マンガ学士（専門職）

静岡県立農林環境専門職大学	生産環境経営学部	生産環境経営学科	農林業学士（専門職）
情報経営イノベーション専門職大学	情報経営イノベーション学部	情報経営イノベーション学科	情報経営イノベーション学士（専門職）
東京国際工科専門職大学	工科学部	情報工学科	情報工学士（専門職）
		デジタルエンタテインメント学科	デジタルエンタテインメント学士（専門職）
東京保健医療専門職大学	リハビリテーション学部	理学療法学科	理学療法学士（専門職）
		作業療法学科	作業療法学士（専門職）
びわこリハビリテーション専門職大学	リハビリテーション学部	理学療法学科	理学療法学士（専門職）
		作業療法学科	作業療法学士（専門職）

2021年度開設

大学名	学部名	学科名	学位名
大阪国際工科専門職大学	工科学部	情報工学科	情報工学士（専門職）
		デジタルエンタテインメント学科	デジタルエンタテインメント学士（専門職）
かなざわ食マネジメント専門職大学	フードサービスマネジメント学部	フードサービスマネジメント学科	フードサービスマネジメント学士（専門職）
芸術文化観光専門職大学	芸術文化・観光学部	芸術文化・観光学科	芸術文化学士（専門職）
			観光学士（専門職）
名古屋国際工科専門職大学	工科学部	情報工学科	情報工学士（専門職）
		デジタルエンタテインメント学科	デジタルエンタテインメント学士（専門職）
和歌山リハビリテーション専門職大学	健康科学部	リハビリテーション学科	理学療法学士（専門職）
			作業療法学士（専門職）

2022年度開設

大学名	学部名	学科名	学位名
アール医療専門職大学	リハビリテーション学部	理学療法学科	理学療法学士（専門職）
		作業療法学科	作業療法学士（専門職）

表2-17　専門職短期大学一覧（2022年4月現在）[8]

短期大学名	学科名	学位名	修業年限	開設年度
ヤマザキ動物看護専門職短期大学	動物トータルケア学科	動物看護短期大学士（専門職）	3年	2019年度
静岡県立農林環境専門職大学短期大学部	生産科学科	農林業短期大学士（専門職）	2年	2020年度
せとうち観光専門職短期大学	観光振興学科	観光短期大学士（専門職）	3年	2021年度

表2-18　専門職学科（2022年4月現在）[8]

大学名	学部名	学科名	学位名	開設年度
名古屋産業大学	現代ビジネス学部	経営専門職学科	学士（経営専門職）	2021年度

　専門職大学は、職業に直結する理論と実践の両方を学べる大学で（表2-19）、一般の大学と最も違う点は、経験を積みながら実践的に学ぶ体制であることです。カリキュラムの三分の一は実習・実技で、働きながら現場で実習を行うことも可能です。通算600時間以上も学外実習があり、現場の生きた知識を習得しながら単位を取っていくことが可能で、「現場主義の大学」と言えます。授業は研究者教員と実務家教員により、学生数40人以下で進められます。専門職大学なら、卒業後は即戦力になる人材としての社会人デビューが期待できるでしょう。

表2-19　専門職大学と従来の大学および専門学校との相違点

	専門職大学／ 専門職短期大学	大学／ 短期大学	専門学校 （専修学校専門課程）
修業年限	4年／ 2または3年	4または6年／ 2または3年	1～4年
卒業者の学位・称号	学士（専門職）／ 短期大学士（専門職）	学士／ 短期大学士	専門士または高度専門士
教育内容	理論と実践を重視	理論を重視	実践を重視
授業内容	産業界の研究から実習	一般教養から学術研究	実習が中心
教員	研究者教員、実務家教員	研究者教員	実務家教員
同時に授業を受ける人数	原則40人以下	特になし	原則40人以下
卒業単位数	124単位／ 62または93単位	124単位／ 62または93単位	年間800時間以上

　専門職大学と専門学校との最もわかりやすい違いは、卒業後に取得できる学位です（表2-19）。専門学校は「専門士」あるいは「高度専門士」の称号ですが、専門職大学は「学士（専門職）」の学位になります。もちろん一般の大学のように関連教科も学べますから、幅広い知識も習得できます。

第3節　専門職大学院・大学に期待される変革

　すでに何度も指摘しましたように、変化の激しい時代の中では、かつてのように祖父母や両親あるいは企業の先輩の人生を参考にしつつ生きていける時代は終わり、自らの人生や生活を新たに創造していかなければならない時

代に突入しています。したがって、教育の使命は、「人類の文化遺産の伝承」から、とくに「未来を創っていく能力の育成」へ変わっています。もちろん、「未来を創っていく能力の育成」の基礎としての科学的な文化遺産の継承（単なる事象や法則の暗記ではなく「なぜそうなったのか」を含めて）が重要な作業であることは言うまでもありません。

　ユネスコ（UNESCO）の二十一世紀教育国際委員会の報告書[9]『学習：秘められた宝（Learning : The Treasure within)』が公表されています（コラム2-12）。これは、教育と学習の在り方を提言しており、職業教育がいかに重要な意味をもつかを示唆しています。

コラム 2-12

学習の四本柱（UNESCO）
① **知ることを学ぶ**（learning to know）知識の獲得の手段そのものを習得すること。いかに学ぶかを学ぶ。
② **為すことを学ぶ**（learning to do）単に職業上の技能や資格を習得するだけではなく、さまざまな実用的能力を身につけること。
③ **（他者と）共に生きることを学ぶ**（learning to live together, learning to live with others）他者を発見、理解し、共通目標のための共同作業に取り組むこと。多様性の価値、相互理解と平和の精神に基づいて、他者を理解し、相互依存を図る。
④ **人間として生きることを学ぶ**（learning to be）個人の人格を一層発展させ、自律心、判断力、責任感をもってことに当たることができる。

　第二次世界大戦後の日本の教育改革の過程で、大学は研究成果の伝承を基本として、職業教育を行う機関ではなくなりました。この間隙を埋めて職業教育を行ったのが専修学校で、高等学校卒業生の約20％が進学しています。高等専門学校の職業教育は職業に必要な能力の育成を目的とし、中学校卒業後からの5年一貫課程により、一般教育および専門教育を通じて理論的な基礎の上に立って実験・実習等の体験重視型の専門教育を実施することによっ

て、幅広い分野で活躍できる実践的・創造的な技術者を育成しており、高い評価を得ています[10]が、絶対数が少なすぎました。専修学校は、より自由度の高い制度特性を活かし、産業界のニーズに即応する多様な職業人材養成を行っており、実習・実技等の充実により、技能を要する職種の養成に強みを有しています。その教育内容は、資格試験に合格するための教育が主流となる傾向がありました。このようにみると、現実社会をどのように生きていくかという「職業教育」は、わが国では行われていなかったのが実情でした。これが、1990年代には若者の仕事が大きく変貌し、非正規社員の増加、不安定な雇用、劣悪な就労環境などの社会問題の原因にもなりました[11]。

　以上のような状況を背景に、新たな高等教育機関として、専門職大学・短期大学の設置が提言されました[12]。本来は、大学が「伝承される知」を基盤として、その知を活用して「創造的発展」を図り、それを「職業生活」につなげるような学修を促す必要があります（コラム2-11　p. 103）。大学進学率の上昇と高等教育の量的拡大に伴い、従来、主に専門学校が担ってきたような、技能の修得を伴う専門資格職養成等を行う大学も増えていました。すなわち、制度上は、あくまで幅広い教養教育と学術に基づく専門教育を行う機関が、実態として、大学・短期大学は、学問研究の成果に基づく知識や思考法等を教授するだけでなく、職業上の実技能力を反復的・体験的に修得させる等の指導までを行うようになっていました[13]。

　もし従来からの大学等が対応できていたとしたら、「専門職大学」や「専門職短期大学」を言い出す必要はなかったはずです。ところが、中央教育審議会答申の中の一文[14]（表2-20）からも明らかのように、従来からの大学等の対応では不十分であったことが窺えます。

表2-20　中央教育審議会答申の指摘[14]

学校における職業教育は、このような観点から、現在の職業の中での専門性を高めるとともに、将来の変化を見据えたより幅広い力を育てるという、両面の要請に応えた人材育成を強化していく必要がある。すなわち、座学や理論の教育のみにとどまらず、産業界等と連携して、①専門分野における高度で実践的な専門性を身に付けると同時に、②専門の中で閉じることなく、変化に対応する能力や、生涯にわたり学び続けるための力（基礎的・汎用的能力や教養等）を備えた人材の層を厚くしていくことが求められており、その両面に対応できるより工夫された教育の仕組みが必要となっている。

　二十世紀には主流であった「就社パターン」（図2-9）は徐々には減少してはいますが、主に大企業が中心に行っているシステムです。大学において基礎的な知識・技能が習得されていれば、職業教育は企業自身の方式で実施する仕組みです。この場合、学習費用は企業負担となり、学ぶ内容は当該企業独自のものとなることが多くなります。したがって、当該企業以外への転職は難しく、企業内での職場・職種異動が多くなります。

図2-9　専門職大学院・大学と企業内研修の関係

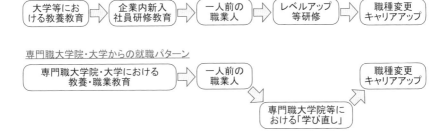

　これに対して、専門職大学院・大学を経由する「就職パターン」では、就社パターンにおける大学等における教養教育と企業内新入社員研修教育の両者を専門職大学院・大学が行い、プロフェッショナル・スペシャリストを養

成し、それを企業が即戦力として受け入れます（図2-9）。これによって、企業にとっては、研修にかかる費用の節約が図られるばかりでなく、企業内では対応が難しい技術革新を図ることが可能となります。すなわち、企業内研修の外注化による経費削減だけではなく、急速に進むイノベーション対応が容易になります。企業内教育を専門職大学院・大学が代替することになり、そのニーズに応えられる機関は発展の好機と言えます。

　専門職大学院・大学には、多様な価値観が集うキャンパスで、理論にも裏づけられた高度な実践力を強みとして専門業務を牽引でき、かつ、変化に対応し新たな価値を創造できる人材を育成するため、産業界と密接に連携して教育を行う高等教育機関として期待されています。スペシャリスト志向の若者にとって魅力ある進学先となるとともに、社会人の学び直しや多様な経験を有する留学生が集い（図2-10）、複眼的な視野を具備した卒業生が輩出されることが期待されます。一般的に、高等教育セクターを示すためには、縦軸は年齢設定して初等教育から高等教育までを積み重ねる図が使われます[15]。しかし、専門職大学院・大学は、多様な年齢層の学生を受け入れることを強調するために図2-10を作成しました。

図2-10　専門職大学院・大学の位置づけ

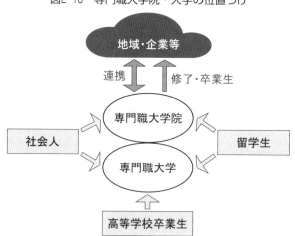

　欧米では、労働者の流動性が高く、「仕事に必要な知識や技能の修得は教育機関で行い、入社後はすぐ実践で活躍してもらえる人材を選ぶ。」という文化があります。この文化が、高い生産性の維持に貢献しているわけですから、専門職大学院・大学がこの文化の醸成に貢献することを期待します。

　最後に、日本の雇用システムや若者の意識の国際化への貢献を期待したいと思います。専門職大学への入学段階で一定の職業像（キャリア・デザイン）をもちます。そして、その職業像の達成状況を自ら省察を繰り返しながら学び続けることができます。したがって、絶えず、「職務」を想定した学修行動が可能となります。ここが、従来の大学とは異なる点です。従来の大学であれば、とりあえず、なるべく偏差値の高い大学に進学して、卒業必要単位をなるべく早く修得して、就活（就社？）に時間とエネルギーを注ぐことが学生の一般的な行動パターンです。専門職大学院・大学入学後は一定の方向が定まっていますから、職務に関連する社会人学生との対話の機会が増加し、学修面で十分鍛えられた人材が養成されることが期待されます。「就職予備校」と揶揄されている大学の転換のための一石となることを期待しています。また、社会人も、自分のキャリア・デザインに基づいた学修の可能な専門職大学院・大学を選択することができます。

　先進国や近年経済成長を遂げている国々では、高等教育政策を重視していますし、高等教育進学率や進学者数とGDPの伸びには相関があることがわかっています[16]。

《注》
(1)　独立行政法人大学改革支援・学位授与機構編著『危機こそマネジメント改革の好機』大学改革支援・学位授与機構大学マネジメント改革シリーズ、ぎょうせい、2022年　p.134
(2)　天野郁夫（2004）「専門職業教育と大学院政策」大学財務経営研究　第1号　pp.3-49
(3)　天野郁夫（2004）『大学改革―秩序の崩壊と再編―』東洋大学出版会

⑷　文部科学省の資料（https://www.mext.go.jp/b_menu/shingi/chukyo/chukyo3/023/siryo/attach/1378644.htm）を参考に著者が作成

⑸　文部科学省の資料（https://www.mext.go.jp/component/b_menu/shingi/giji/__icsFiles/afieldfile/2017/07/24/1386653_05.pdf）を参考に著者が作成

⑹　讀賣新聞　2021年9月8日

⑺　文部科学省　専門職大学等一覧　https://www.mext.go.jp/a_menu/koutou/senmon/1414446.htm

⑻　⑺を参考に著者が作成

⑼　Delors, J.（1998）"The four pillars of education" Learning : The Treasure Within, Unesco Publishing, p. 266

⑽　OECD【編著】森利枝【訳】米澤彰純【解説】（2009）『日本の大学改革―OECD高等教育政策レビュー：日本』明石書店　pp. 22-23、pp. 34-35、p. 69

⑾　本田由紀（2009）『教育の職業的意義―若者、学校、社会をつなぐ』（ちくま新書）筑摩書房

⑿　中央教育審議会（2016）『個人の能力と可能性を開花させ、全員参加による課題解決社会を実現するための教育の多様化と質保証の在り方について（答申）』https://www.mext.go.jp/b_menu/shingi/chukyo/chukyo0/toushin/__icsFiles/afieldfile/2016/10/24/1371833_1_1.pdf

⒀　2006年度～2015年度に新設された大学・短期大学の8割近くが、専門資格職養成のための学部・学科を主体としていた。

⒁　⑿のp. 6

⒂　川口昭彦（一般社団法人専門職高等教育質保証機構編）『高等職業教育質保証の理論と実践』専門学校質保証シリーズ、ぎょうせい、平成27年　p. 13

⒃　文部科学省(2013)大学進学率の国際比較　https://www.mext.go.jp/component/b_menu/shingi/giji/__icsFiles/afieldfile/2013/04/17/1333454_11.pdf

第三部

専門職大学院・大学の
　　　　　質保証

　高等教育のみならず日本の教育界全体に、「枠にはめる教育」に固執する体質が未だに漂っています。わが国の教育界は仲間内で固まり、異分野からの参入には高いハードルがあるのが実情です［日本経済新聞電子版（2021年11月3日）「学校教育、変化を嫌う体質から脱却できるか　教育岩盤」https://www.nikkei.com/article/DGXZQOUE023WV0S1A101C2000000/］。このため、カリキュラム開発、学修成果の評価、教授法開発などの重要な領域での変革が進みにくくなっています。大学のカリキュラムは、高等学校卒業後すぐ大学に入学したフルタイムの学生を想定して編成されており、有職成人学生のニーズには対応できていません。これが、「社会人の学び直し」のニーズが高いにもかかわらず、大学等におけるリカレント教育が低調な原因の一つとなっています。

　二十世紀の教育は同一性重視の大量生産型でしたが、今や社会で価値創造を担える人材の育成という視点から教育を考え直さなければならない時代が到来しています（コラム3-1）。変化を嫌い旧来の教育を守っている間に、世界は大きく変革が進み、社会が必要とする人材の資質が大きく変化したにもかかわらず、改革を怠るうちに世界との差が開いてしまいました。「教育で人を育て国を立てる」という、わが国の近代化と経済成長を支えてきた「人材立国」が崩壊の危機に直面し、教育の機能不全が懸念されています。

コラム 3-1

新しい**価値創造の道は一つではない!!**

　高等学校の新学習指導要領（2022年4月から年次進行の形で実施）で教育を受けた学生が数年後には大学に入学してくるわけですから、大学も、これを念頭に置いた変革が不可欠となります。

　このような状況下で、教育の質保証が非常に重要になっています。日本の大学教育の質保証は、設置認可と認証評価から成り立っています。これらの質保証システムについても、「何を教えるか」から脱却して「どのような人材が育ち、どのような価値創造に貢献したか」への転換が求められます。

第1章

教育生産性の高い専門職大学院・大学をめざして

　日本の大学教育の第三者（外部）質保証は、「大学設置基準」に基づく設置認可（事前規制）と認証評価（事後チェック）によって実施されています。大学設置基準は、教員の資格、教員組織、教員／学生比、学生収容定員、教育課程、卒業要件、校地校舎および施設設備等について最低必要条件を定めています。これは、学生を劣悪な教育環境に置かないように保護すること、日本の学位の国際通用性を担保することを意図しています。「学位の国際通用性の担保」という視点から大学設置基準は重要な意味があります。設置前ですから、「何を教えるか」「誰が教えるか」等のインプットやプロセス中心の審査になることは当然です。設置後には、教育研究活動の成果として「どのような知識・技能が修得できたか」「何ができるようになったか」というアウトプットやアウトカムズを定期的に実施する認証評価による質保証が、日本の高等教育生産性を社会に示すために不可欠です。とくに、専門職大学院・大学の認証評価では、職業に必要な能力、知識、技能、態度などに係る質保証を主体とすることが重要です。このことを中央教育審議会答申『2040年に向けた高等教育のグランドデザイン』が、コラム3-2のように指摘しています[1]。

コラム 3-2

高等教育機関がその多様なミッションに基づき、学修者が「**何を学び、身につけることができるのか**」を明確にし、**学修の成果を学修者が実感できる教育**を行っていること。このための多様で柔軟な教育研究体制が準備され、このような教育が行われていることを確認できる**質の保証の在り方へ転換**されていくこと。

第1節　認証評価

　大学は、その水準の維持向上のために、①全学の教育研究等の総合的な状況（機関別認証評価、学校教育法百九条第二項）および②専門職大学・大学院の教育研究活動の状況（分野別認証評価、学校教育法百九条第三項）について、認証評価機関による評価を定期的に受けることが義務づけられています（表3-1）。評価を実施するのは、文部科学大臣の認証を受けた評価機関です。各評価機関は、それぞれ大学評価基準を定め、その評価基準に適合しているか否かを判断します。大学評価基準については、文部科学省令において大枠が定められており、各認証評価機関はこの大枠の範囲内で具体的な基準を定めることとなります。なお、認証評価制度の詳細、具体的な評価内容・方法等、その成果については、前書[2]をご参照ください。

表3-1　認証評価を定める学校教育法（昭和二十二年法律第二十六号　施行日：令和二年四月一日）

第百九条　大学は、その教育研究水準の向上に資するため、文部科学大臣の定めるところにより、当該大学の教育及び研究、組織及び運営並びに施設及び設備（次項及び第五項において「教育研究等」という。）の状況について自ら点検及び評価を行い、その結果を公表するものとする。

②　大学は、前項の措置に加え、当該大学の教育研究等の総合的な状況について、政令で定める期間ごとに、文部科学大臣の認証を受けた者（以下「認証評価機関」という。）による評価（以下「認証評価」という。）を受けるものとする。ただし、認証評価機関が存在しない場合その他特別の事由がある場合であつて、文部科学大臣の定める措置を講じているときは、この限りでない。

③　専門職大学等又は専門職大学院を置く大学にあつては、前項に規定するもののほか、当該専門職大学等又は専門職大学院の設置の目的に照らし、当該専門職大学等又は専門職大学院の教育課程、教員組織その他教

育研究活動の状況について、政令で定める期間ごとに、認証評価を受けるものとする。ただし、当該専門職大学等又は専門職大学院の課程に係る分野について認証評価を行う認証評価機関が存在しない場合その他特別の事由がある場合であつて、文部科学大臣の定める措置を講じているときは、この限りでない。

④　前二項の認証評価は、大学からの求めにより、大学評価基準（前二項の認証評価を行うために認証評価機関が定める基準をいう。以下この条及び次条において同じ。）に従つて行うものとする。

⑤　第二項及び第三項の認証評価においては、それぞれの認証評価の対象たる教育研究等状況（第二項に規定する大学の教育研究等の総合的な状況及び第三項に規定する専門職大学等又は専門職大学院の教育課程、教員組織その他教育研究活動の状況をいう。次項及び第七項において同じ。）が大学評価基準に適合しているか否かの認定を行うものとする。

⑥　大学は、教育研究等状況について大学評価基準に適合している旨の認証評価機関の認定（次項において「適合認定」という。）を受けるよう、その教育研究水準の向上に努めなければならない。

⑦　文部科学大臣は、大学が教育研究等状況について適合認定を受けられなかつたときは、当該大学に対し、当該大学の教育研究等状況について、報告又は資料の提出を求めるものとする。

　この省令に基づいて、専門職大学・大学院は機関別および分野別の両者の受審が義務づけられ、分野別認証評価は5年以内ごと、機関別認証評価は7年以内ごとに受審することが定められています。専門職大学院に係る分野別認証評価については、制度創設当初に「専門職大学院は新たに創設される制度であり、第三者評価による質の維持向上が不可欠である。」等の理由から設けられた経緯があります。しかしながら、両評価には、かなり共通した内容があり（表3-2）、受審する大学の負担が非常に大きいこと等から、中央教育審議会等[3]で改善の議論が進められています。

表3-2　分野別・機関別認証評価の評価項目対比（平成16年３月12日 文部科学省令第７号）

分野別認証評価	機関別認証評価
イ．教員組織に関すること。 ロ．教育課程に関すること。 ハ．施設及び設備に関すること。 ニ．学修の成果に関すること（進路に関することを含む。）。 ホ．イからニまでに掲げるもののほか、教育研究活動に関すること。	イ．教育研究上の基本となる組織に関すること。 ロ．教員組織に関すること。 ハ．教育課程に関すること。 ニ．施設及び設備に関すること。 ホ．事務組織に関すること。 ヘ．卒業の認定に関する方針、教育課程の編成及び実施に関する方針並びに入学者の受入れに関する方針に関すること。 ト．教育研究活動等の状況に係る情報の公表に関すること。 チ．教育研究活動等の改善を継続的に行う仕組みに関すること。 リ．財務に関すること。 ヌ．イからリまでに掲げるもののほか、教育研究活動等に関すること。

　導入から20年近くが経過した認証評価は、その目的である「質の保証」「改善の促進」については一定の成果がみられる一方で、「社会への説明責任」は十分には果されておらず「社会の認知が不十分である」ことが指摘されています[3]。また、評価活動自体が自己目的化して、目的と手段が混同された大学の内輪向けの「改善」が、社会から理解されるはずがありません[4]。これらの原因の一つは、法令適合性等の外形的な評価項目等が多く、必ずしも教育研究活動の成果（どのような人材が育成されているか）を主体としたものとなっていないことにあります。今後は、学生が身につけるべき能力（知識、技能および人間力）を基軸とした「学位プログラム」の構築をはじめ、

学修成果の質保証の一層の充実が求められます。学修者本位の教育と学位等の国際通用性の確保をめざして、認証評価が高等教育機関と社会とを結びつけるプラットフォームとしての機能を果たすために、社会の目線を十分配慮し、学修成果（アウトカムズ）を主体とした質保証が必要です。

　一般社団法人専門職質保証機構（以下「QAPHE」と略します。）は、ビューティビジネス専門職大学院の認証評価を二回（2012年および2017年）にわたり実施しました。三回目の認証評価実施（2022年）にあたり、中央教育審議会等で改善の議論[3]を踏まえつつ、評価基準の構成、評価内容・方法を根底から見直し、改訂しました[5]。とくに、専門職大学院の「職務遂行能力養成」という特色をアピールできるように、評価基準を7領域に整理しました（表3-3）。過去二回では、一般の大学院の評価基準に準じて、学生受け入れ（アドミッション・ポリシー）から始まり教育課程の編成・実施（カリキュラム・ポリシー）、修了認定等（ディプロマ・ポリシー）の順に積み上げていました。第三回では、これを逆転して「育成しようとする人材像」の達成状況（アウトカムズとアウトプット）を起点として、プロセス（教育課程編成・実施、学修指導等）とインプット（入学者選考、教員組織等）の質を保証する順序に改訂しました（図3-1）。そして、第Ⅶ領域では、Ⅰ～Ⅵ領域の内容すべてに関わる事項について内部質保証が十分機能しているか否かを評価します。これら27基準の中で、学修成果（一項目）および内部質保証（三項目）が「重点評価項目」に指定されています。

表3-3　ビューティビジネス専門職大学院認証評価基準[5]

領域Ⅰ　大学院の目的および学修成果
基準Ⅰ-1　大学院の目的が適切に設定されていること。
基準Ⅰ-2　【重点評価項目】大学院の目的に則した人材養成がなされて 　　　　いること。
領域Ⅱ　教育課程および教育方法
基準Ⅱ-1　修了認定・学位授与方針が、具体的かつ明確であること。

基準Ⅱ-2　教育課程編成・実施方針が、修了認定・学位授与方針と一貫性があり、具体的かつ明確であること。

基準Ⅱ-3　教育課程が、修了認定・学位授与方針および教育課程編成・実施方針に則して体系的に編成され、当該職業分野の動向にふさわしい内容および水準であること。

基準Ⅱ-4　修了認定・学位授与方針および教育課程編成・実施方針に則して、当該職業分野の動向を反映した授業形態・方法、学修指導法等が採用されていること。

基準Ⅱ-5　教育課程編成・実施方針に則して、公正な成績評価が厳格かつ客観的に実施され、単位が認定されていること。

基準Ⅱ-6　大学院の目的および修了認定・学位授与方針に則して修了要件が策定され、公正な修了認定が実施されていること。

基準Ⅱ-7　産業界・地域社会と連携した教育課程の編成が進められていること。また、教育課程連携協議会が、定期的に開催され、機能していること。

領域Ⅲ　教育研究上の基本組織

基準Ⅲ-1　教育研究上の基本組織が、大学院の目的に照らして適切に構成され、教育研究活動等を展開する上で、必要な教員が適切に配置されていること。

基準Ⅲ-2　教育研究活動等を展開する上で、必要な運営体制が適切に整備されていること。

領域Ⅳ　財務運営、管理運営および情報公表

基準Ⅳ-1　財務運営が大学院の目的に照らして適切であること。

基準Ⅳ-2　管理運営のための体制が明確に規定され、機能していること。

基準Ⅳ-3　管理運営を行うための事務組織が、適切な規模と機能を有していること。

基準Ⅳ-4　教員と事務職員等との役割分担が適切であり、これらの者の間の連携体制が確保され、教職員の管理運営に関する能力を向上させる取組が実施されていること。

基準Ⅳ-5　財務および管理運営に関する内部統制・監査の体制が機能していること。

基準Ⅳ-6　教育研究活動等に関する情報が適切に公表され、説明責任が果たされていること。

領域Ⅴ　学修環境
　基準Ⅴ-1　教育研究組織および教育課程に対応した施設・設備（図書、学術誌、ICT環境、バリアフリー化等を含む。）が整備され、有効に活用されていること。
　基準Ⅴ-2　学生に対して、適切な履修指導、学修支援が行われていること。
　基準Ⅴ-3　学生に対して、生活、進路、経済、ハラスメント等に関する相談・助言、支援等が適切に実施されていること。

領域Ⅵ　学生受入および定員管理
　基準Ⅵ-1　入学者受入方針が明確に定められていること。
　基準Ⅵ-2　入学者の受入が適切に実施されていること。
　基準Ⅵ-3　在籍者数および実入学者数が、収容定員および入学定員に対して適正な数となっていること。

領域Ⅶ　内部質保証
　基準Ⅶ-1　【重点評価項目】内部質保証に係る体制が明確に規定されていること。
　基準Ⅶ-2　【重点評価項目】内部質保証のための手順が明確に規定され、適切に実施されていること。
　基準Ⅶ-3　【重点評価項目】内部質保証が有効に機能して、教育研究等の改善・向上が図られていること。
　基準Ⅶ-4　教員の質を確保し、さらに教育研究活動を支援・補助する者を含めて、それらの維持・向上が図られていること。

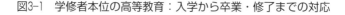

図3-1　学修者本位の高等教育：入学から卒業・修了までの対応

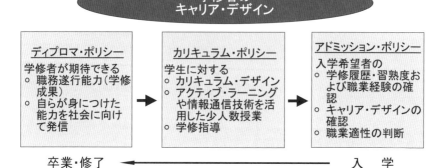

　上記27基準は複数の分析観点から構成されており、対象大学院は全ての分析観点に関する自己評価報告書(6)をQAPHEに提出します。QAPHEの評価者は、自己評価報告書およびQAPHE独自に収集した資料に基づいた書面調査および訪問調査を経て、各基準を満たしているか否かを判断した上で、QAPHEの評価基準に適合しているか否かの判定を行います(7)。この判定に加えて領域ごとに、特に重要と思われる点（優れた点、特色ある点、改善が望ましい点、改善を要する点）を指摘します(7)。評価実施にあたって、QAPHEは、対象大学院の自己評価担当者への説明、QAPHEの評価担当者の研修を実施します。また、対象大学院はすでに機関別認証評価を受審しているわけですから、機関別認証評価において評価された内容（表3-2）については、一定条件の範囲で機関別認証評価結果を活用することとしましたので、負担軽減が期待できます(6)。また、「改善を要する点」の指摘がある場合には、当該事項に関する対応状況を対象大学院から適宜聴取して、改善が図られたことが確認できた場合には、評価結果にその旨追記します(5)。

第2節　学生が身につけた「職務遂行能力」の質保証

　専門職大学院・大学における学修目的は「職務遂行能力」の育成です。換言すれば、修得した知識・技能が「宝の持ち腐れ」にならないように、実践で活用できる能力を備えているか否かです。したがって、上述の「学修成果」の質保証は、学生が身につけた「職務遂行能力」の質保証となります。職務遂行能力は、コラム3-3のように定義できます。DX社会で生きていくために、主体性をもって多様な人々と協働して学ぶ態度・力を養うことが必要です。その基礎となるのが、知識・技能を活用して、自らの課題を発見し、その解決に向け探究し、成果をあげるために必要な思考力、判断力、表現力等の能力です。思考力としては、批判的思考力と創造的思考力が不可欠であることは、第二部第2章第2節（pp. 92-96）で解説しました。その基礎となるのが、知識・技能の修得です。

コラム 3-3

職務遂行能力の三要素
① **知識・技能**
② **人間力**：思考力（批判的思考力と創造的思考力）、判断力、表現力
③ **主体的に多様な人々と協働して学ぶ態度・力**：主体性、多様性、協調性

　その上で、個々の学生のキャリア・デザインに配慮した学修指導が実施されているか否かという視点が、全体を通じたコンセプトになっています（図3-1）。日本では、大学での学びが高等学校を卒業したばかり（18歳中心主義）の同質性の高い集団に限定され、社会的キャリアの中でその価値が重視されてきませんでした。これには、経済状況や勉学意欲の差に還元できない日本社会の構造的な特殊性が背景にあると考えざるを得ません。専門職大学院・大学が、このわが国固有の構造の変革への貢献も期待します。

　専門職大学院・大学におけるキャリア教育は、その目標や内容によって、4種類に分類できます（表3-4）。産業構造の変化や職業の盛衰のスピードが増し、雇用も流動化する中にあって、一人の職業人が、生涯にわたる職業生活の中で、キャリア・アップやキャリア・チェンジを求められる場面もより多くなっていくことは確実です。高等学校卒業直後の学生にとっては、キャリア・ゲットが最大の関心事でしょうが、社会人学生は、復職あるいは転職（学び直し）に資することを求めます。このように多様なキャリア教育は、一律の内容・方法では決して成功しません。学修者一人ひとりに対する固有の指導や配慮が不可欠です。このための教育内容・方法等を支える研究も肝要です。

表3-4　キャリア教育の目標と内容

キャリア教育	教育目標	教　育　内　容
キャリア・ゲット （career get）	就職力	大学院（大学）修了（卒業）後の就職を目的とした実践的な教育
キャリア・アップ （career up）	専門力	在職または転職後により高度な専門職への昇格に資する教育
キャリア・リフレッシュ （career refresh）	復職力	一定期間休職後に元の職場・職種への復職に資する再教育
キャリア・チェンジ （career change）	転職力	現在の職場・職種よりも有利な職への転職に資する教育

「学生の学び」の質保証

　高等教育における最近の大きな潮流は「学修者本位の教育」であり、「個々人の可能性を最大限に伸長する教育」への転換が声高に叫ばれています。学修者本位の教育は、コラム3-4のように説明されています。すなわち、学修者が身につけた資質・能力を活用できることに加えて、自ら学修成果を説明し、社会の理解を得る能力の育成も含まれます。社会に向けて説明し理解を

得るためには、自らの学びを客観的に測り可視化する必要もあります。

「学修者本位の教育」とは、学生が、

① 　自らの**将来ビジョンをもち、**

② 　学修成果として身につけた**資質・能力を自覚**し、

③ 　それを**活用**できる。

④ 　学修成果を自ら**説明**し、社会の**理解を得る**ことができる。

　教育機関における「学生の学び」の質保証を行うにあたり、学生個人（学修成果）と大学院・大学（研究科や専攻あるいは学部や学科）全体（教育成果）に分けて考えます[(8)]。もちろん、両者には共通する部分も多々あることは言うまでもありません。

　学修成果の主体は学生個人です。学生達が各授業で学習した成果は、成績（＝学習成果）として評価されます。それらの授業群の体系的積み上げが、一つの教育プログラムを形成しています。このプログラムを修了することによって得られる成果が「学修成果」です。大学における授業で得られるものだけではありません。正課以外の関連活動、さらに学校とは直接関係のないさまざまな学習活動や経験も、学生個人の成長を促す要因となります（図3-2）。学修者本位の教育の観点から、一人ひとりの学生が自らの学びの成果（学修成果）として身につけた資質・能力を自覚し、活用できることが重要

図3-2　学生の学修成果

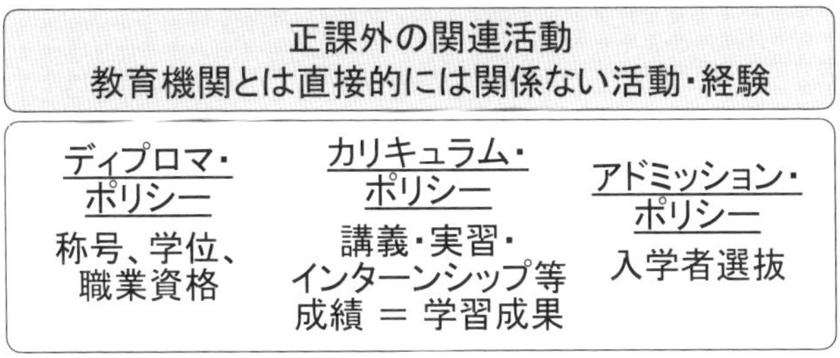

正課外の関連活動 教育機関とは直接的には関係ない活動・経験		
ディプロマ・ポリシー 称号、学位、職業資格	カリキュラム・ポリシー 講義・実習・インターンシップ等 成績 ＝ 学習成果	アドミッション・ポリシー 入学者選抜

です。学生が、その学修成果を自ら説明し、社会の理解を得ることも肝要です（コラム3-4）。残念ながら、わが国の現状（とくに多くの大学）では、学生は「卒業時の学修成果」には目を向けていません。学生の三大関心事は、「入試、卒業、就活」です。すなわち、入学先＝大学名（入試難易度）、卒業必要単位数、就職先＝企業名です。

　大学が主体となる「教育成果」は、学生を個人ではなく集団として評価対象として、社会の大学院・大学（研究科や専攻あるいは学部や学科）に対する評価に資することを目的とします。したがって、学生個人個人の学修成果を集積するだけではなく、卒業生・修了生の活躍状況（成果）、目標に掲げた資質・能力を備えた学生を育成できていること、大学院・大学の立ち位置に関する情報等も発信する必要があります（図3-3）。教育成果を測定する指標としては、それぞれ大学の歴史・理念・価値観等に基づいて、大学院・大学が独自に定める測定指標（独自指標）やプログラムごとに定める測定指標、および大学院・大学間の相対評価を可能とする標準・共通的指標（ベンチマーク指標）が必要です。これまで教育の世界では、独自指標に関する情報を優先し、ベンチマーク指標に関する情報に関してはマスコミ等に頼る傾向がありましたが、大学院・大学が社会から信頼を得るためには、基本的な指標（ベンチマーク指標も含めて）は比較・公開が原則です。

図3-3　教育機関の教育成果

卒業生・修了生の成果
教育機関のミッション・ビジョン
教育機関（プログラム）独自指標
ベンチマーク指標

称号・学位・職業資格授与
教育プログラム、正課外活動
学外における学習や経験
入学者選抜

　高等教育の無償化をはじめ政策的な流れの中で、高等教育における学修成果・教育成果が問われています。大学（教育プログラム）独自指標とベンチマーク指標を駆使して、教育成果を自ら説明する「説明力」が、社会の信頼を獲得し、価値を取り戻すために不可欠です。このために、学修成果・教育成果の可視化が最大のテーマです。

学修成果と教育成果の可視化

　「学生の学び」質保証を実施するための学修アセスメントツールは、表3-5に掲げた事項です。学修成果や教育成果の質保証のための最初の作業は、学生の学修成果や大学全体（あるいは教育プログラムごと）の教育成果に関する情報を正確に把握し、それらを可視化することです。教育プログラムに定められている学修目標の達成状況に関して可視化された情報に基づいて、学生は自分自身が身につけた資質・能力を、複数の情報を組み合わせて多元的に理解し、説明できることが重要です。大学は、把握・可視化された学修成果・教育成果を、内部質保証に適切に活用して、大学全体や教育プログラム等が取り組むべき学修目標の達成に向けた既存の教育課程や個々の授業内容・手法の見直しをはじめ、ディプロマ・ポリシー自体の見直し等の改善にもつなげていくことが求められます。

表3-5　「学生の学び」の質保証を行うための学修アセスメントツール

間接的証拠
・学生を対象とした調査：在学中の調査、卒業（修了）時調査など
・卒業生（修了生）を対象とした調査
・雇用者を対象とした調査
・外部者による評価
直接的証拠
・定期試験、課題レポート、グループ・ディスカッションなど課程・コース内評価
・資格試験、標準テスト、民間テスト業者によるテストなど
・パフォーマンス（ルーブリックなど）
・ポートフォリオ

　学修成果・教育成果の把握・可視化については、世界的にも共通化・標準化された方法や内容が存在しているわけではありません。分野によって方法・内容が異なること、従前からの取組の状況や蓄積等による差も大きいことを留意する必要があります。さらに、学修成果・教育成果の把握・可視化については、①すべての学修成果・教育成果を網羅的に把握することは不可能、②把握したすべての学修成果・教育成果を必ずしも可視化できるものでもない、という二点を念頭に置いて、この作業の目的を常に意識することが重要です。可能な取組から始めて、着実に充実を図っていく姿勢が肝要です。「測定のための測定」に陥ることだけは避けなければなりません。

　学修成果・教育成果の把握・可視化の仕組みを構築し、その結果に対し学内外の理解を得ることは、相応の時間が必要かつ困難な取組です。したがって、各大学等においては、自らの強み・特色等を踏まえて設定した大学（あるいは教育プログラム）全体の教育理念に則して、自主的な策定・開発を計画的に進めていくことが期待されます。

　「学修者本位の教育」のポイントは、一人ひとりの学生が身につけた資質・能力を自覚し、活用できるようになることです（コラム3-4　p.133）。このためには、単に授業科目ごとの成績評価を学生に示すだけでは不十分です。個々の授業科目や学校内外におけるさまざまな学生の活動が、ディプロマ・ポリシーに定められた資質・能力を身につけることにどのように寄与しているかを明らかにすることが重要です。さまざまな情報を組み合わせて、ディプロマ・ポリシーに定められた学修目標の達成状況を明らかにすることが望まれます。そして、大学は、分かりやすい形でまとめなおした情報を、学生の在学中および卒業時に提供することが必要です。その際、ディプロマ・ポリシーに定められた資質・能力の修得状況や今後の履修の方向性等について、学生との意見交換などによって、学生に対するフィードバックを適切に行うことが求められます。学生は、それらの結果を参考にして自らの学修を振り返り、高度化を図るとともに、自らの学修成果を社会に対して示し、社会とコミュニケーション等によって、その活用を図ることが期待されます。

上記のような考え方を踏まえて、ディプロマ・ポリシーに定められた学修目標の達成状況を明らかにするための学修成果・教育成果に関する情報を表3-6に例示します。この例示には、現行の法令に基づいて把握が求められている情報の他に、教育改善に資するために把握することが想定される情報も含まれています。

表3-6　学修成果・教育成果を説明するために必要な資料・データ例

・各授業科目における到達目標の達成状況
・ディプロマ・ポリシーに定められた特定の資質・能力の修得状況を直接的に評価することができる授業科目における到達目標の達成状況
・称号、学位や職業資格の取得状況
・学生の成長実感・満足度
・進路の決定状況等の卒業後の状況（進学率や就職率等）
・修業年限期間内に卒業する学生の割合、留年率、中途退学率
・学修時間

・卒業論文・卒業研究の水準
・アセスメントテストの結果
・語学力検定等の学外試験のスコア
・資格取得や受賞、表彰歴等の状況
・卒業生に対する評価
・卒業生からの評価

　例示された資料・データを収集して公表するだけでは意味がありません。たとえば、「学生の成長実感・満足度」について、学生アンケート結果を示すだけではなく、その結果を分析して、大学として、どのように考えているか？　あるいは改善すべき点は何か？　などについての考察が不可欠です。

第３節　循環型専門職高等教育：「学び合い」「学び直し」文化の展開

　循環型専門職高等教育には、二つの側面があります（図3-4）。第一は、教員から学修者への一方向の知識・技能の教授ではなく、教員を含めた学修者同士の議論等を通じた多方向の「学び合い」です。第二は、一個人が人生の間に仕事と学びを複数回繰り返す「学び直し」（リカレント教育）です。さらに、社会（地域や企業等）との連携による循環サイクルも重要です。第一の「学び合い」の重要性については、本書で何度も議論しましたので、ここでは第二の「学び直し」について、配慮すべき内容を中心に議論します。なお、リカレント教育の歴史、わが国におけるリカレント教育が非常に低調である現状と課題については、前書[9]と第二部第１章第３節（pp. 76-81）で言及しました。

図3-4　循環型専門職高等教育

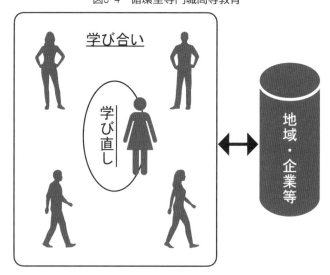

　「リスキリング（re-skilling）」という言葉が頻繁に聴かれます。リスキリングは、「新しい職業に就くために、あるいは、今の職業で必要とされるスキルの大幅な変化に適応するために、必要なスキルを獲得する／させること。」と定義されています[10]。リスキリング、リカレント教育および企業内教育訓練（OJT）の各概念は多少異なります（コラム3-5）。OJTは、組織内における仕事を通じて行う教育訓練であるのに対して、リスキリングは、新しい価値創造をめざして、「今は組織内にはない」仕事あるいは「今は組織内にはできる人がいない」仕事のための新たな知識・技能を獲得する事業です。リスキリングとリカレント教育を比較すると、前者は「組織が新しい技能を関係者に身につけさせる。」ことに主軸が置いてありますが、後者は「大学に入り直すなど、比較的自らの意思で別の技能を身につける。」ことに主眼を置いています。このように、双方の意味には若干の違いはありますが、「新たな技能を身につける。」という意味では共通しており、取り組み方の違いはあるかもしれませんが、言葉の本来の意味として大きな差はありません。

> **コラム 3-5**
>
> **リスキリング**：「**職業で価値創出し続けるために必要なスキル**」を学ぶ、という点が強調されており、企業が**新しいスキル**を従業員に対して身につけさせることに主眼がある。
> **リカレント教育**：職を離れる前提で、「**働く→学ぶ→働く→学ぶ→働く**」のサイクルを回すことによって、自ら新たなスキルを身につける。
> **企業内教育訓練（OJT）**：社内の部署で現存する仕事を通じて、方法を覚え、スキルを獲得させる教育訓練である。

　世界経済フォーラム（ダボス会議）2020年次総会[11]では、リスキリング革命として「2030年までにより良い教育、技能、仕事を、10億人に提供できるようにすることを目標とする。このようなイニシアティブを通じて、今後10年でテクノロジーは多くの仕事を変える可能性がある。」と宣言されました。そして、欧米諸国の企業では、従業員のリスキリングに取り組む動きが広

がっています。残念ながら、日本は遅れをとっているのが現状です。一企業
だけでは対応しきれない部分も当然ありますから、専門職大学院・大学が積
極的に参画する意味は大きいものと期待できます。とくに、プログラムやコ
ンテンツ（教材）がリスキリング成功の鍵となりますから、専門職大学院・
大学の経験が活用されます。専門職大学院・大学側も、ICT技術等を十分活
用した学修活動に対する配慮も不可欠です。

　「学び直し」が求められる理由は、社会の急激な変化に対応するために新
たな「職業上必要な知識・技能」を修得させる教育（キャリア教育）が喫緊
の課題となっているからです。今までは、この機能は企業内の教育訓練が果
たしてきましたが、人材育成を一企業のみで行うことは限界に達していま
す。いずれにしても、時代の変革とともに社会から求められる知識・技能や
ニーズは刻々と変化しています。このために、一度学んだ知識・技能が、こ
の先長期間にわたって、変わらぬ価値があり、社会から求められ続けるとは
考えられません。常に求められる価値の高い人材であり続けるためには、自
律的にキャリアを選択し、生涯にわたって知識や技能を自主的に学び続ける
ことが不可欠です（コラム3-6）。

コラム 3-6

　「生涯現役」という意識をもち続け、**自律的・自主的な学修活動**が重要
である。

　すでに何度も強調しましたように、社会は高度化・多様化が急速に進みつ
つあり、多様なプロフェッショナルが求められていますから、どのような価
値を求めるかは個々人の自らの判断によります。したがって、自主的な学び
行動とそれに基づく自律的なキャリア・アップが肝要です。各高等教育機関
が蓄積してきた経験を踏まえて、学ぶ側が求める資質・能力に即した学修プ
ログラムの拡充が重要です。一定の高等教育を受けた後の仕事の経験を適切
に評価した上で、社会人のキャリア・アップあるいはキャリア・チェンジを
支援するために有効な学修プログラムの設計・充実を図る必要もあります。

とくに、専門職大学院・大学は、リカレント教育を中心とした「循環型高等教育」によって、生産性の向上に貢献すべきです。

　リカレント教育は、個人だけではなく、企業にとってもメリットがあります。時代の変化に晒（さら）されるのは個人だけではなく、企業も同様です。リスキリングによって、企業内だけで対応することには限界がありますから、専門職人学院・大学を活用することを視野に入れるべきです。経営環境やビジネスモデルの変化に伴って、従業員に求める知識・技能も変化します。このような変化に対応する人材を確保するためにリカレント教育を推奨すべきです。結果として、企業の文化や風土、歴史を理解した従業員が、知識・技能をアップデートし続けて、企業に貢献してくれる状況を保持することは企業経営にとっても大きなメリットとなります。

　日本では、企業内教育が充実していたために、成人のリカレント教育への要求は、きわめて低くなっていました。とくに大学は、例外はありますが、社会人学生市場を狙った教育を行う動機を必ずしももっていませんでした。大学のカリキュラムは、高等学校卒業後すぐ大学に入学してくるフルタイム学生を想定して編成されており（18歳中心主義）、社会人学生のニーズには対応していません。最近、大学等も、減少する18歳人口の補填（はてん）として社会人教育を考えざるを得なくなっていますが、フルタイム学生用のメニューをそのまま使う傾向にあるようです。この発想を切り替えない限り、リカレント教育は成功しませんし、入学希望者は増えるはずもありません。非常に多数の教育訓練プロバイダー（表2-6　p. 80）が存在しているわけですから、社会人にとって必ずしも大学で学ぶ必要はないのが現状です。

　人材育成面について、大学院・大学が教育面でとくに注力している取組と企業の期待とを比較してみましょう[12]（図3-5）。なお、企業に就職している学生には、理系については大学院修士課程修了者がかなり多いのに対して、文系については大部分が学士課程卒業者となっています。理系では、企業の期待と大学側の意識が概ね合致しています。しかしながら文系では、専門知識の伝授を最優先とする大学と、思考訓練を期待している企業との間に、意

識のずれが観られます。

図3-5　大学院・大学教育と企業の求める教育内容の差[12]

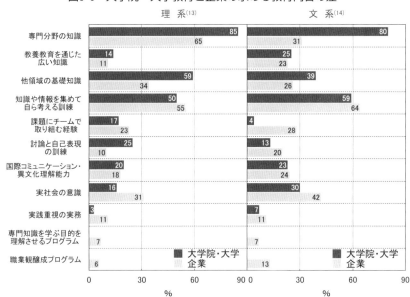

　文系学士課程教育への期待では、「知識や情報を集めて自分の考えを導き出す訓練をすること」を求める企業が最も多く、次いで、「実社会とのつながりを意識した教育を行うこと」、「専門分野の知識を学生にしっかり身につけさせること」と続いています。理系大学・大学院への期待と比較しますと、「教養教育を通じて学生の知識の世界を広げること」や「討論（ディベート）、自己表現（プレゼンテーション）の訓練」への期待が高くなっています。この他、「思考訓練」の選択肢を除き、特定項目に回答が集中していない点も特徴といえます。以上から、文系学士課程教育に対する人材育成面での期待は、理系に比べて期待は多様ですが、思考力の訓練が最優先であることが明確です。同様の結果は、経済同友会のアンケート調査[15]からも読み取れます。すなわち、高等教育に期待する学力要素の順位は、1位「論理的思考能

力等の養成（91.2％）」、2位「専門的な学問教育（59.7％）」、3位「ディベートやプレゼンテーション能力の訓練（58.3％）」となっています。このような社会の動向を大学（教員個人も含めて）は認識する必要があります（コラム3-7）。

コラム 3-7

「思考力の訓練」が大学院・大学の最重要課題である。

このことは、大学が実際にリカレント教育として提供しているカリキュラムと社会人学生・企業が期待するカリキュラムに関する調査[16]からも明らかになっています。大学は、「最先端のテーマに関する内容や、幅広い仕事に活用できる知識・スキルを修得できる内容等」を掲げていますが、社会人は、比較的どの項目も広く重視しています。これらの結果を踏まえると、リカレント教育を促進するためには、プログラムに、最先端の内容を扱う科目を入れるだけではなく、幅広く実務的な内容を取り入れることが重要と考えられますから、専門職大学院・大学に期待します。

リカレント教育は、減少する18歳人口の補填としての社会人教育と考えるべきではありません。社会人は、自ら働いて得たお金を拠出して、高い目的意識をもって学んでいるのです。18歳とは異なるマーケットと考えるべきです。したがって、リカレント教育は、単に形式だけの問題ではなく、入学者選抜方法に始まり、教育内容・方法、学修成果の評価方法に至るまで、新たな発想の下での構築が必要です。リカレント教育受講希望者の学修歴や職業歴は非常に多様ですから、柔軟かつ多様な対応が求められることになります。

日本では、大学の学びと社会・企業での学びが不連続と考える傾向にありました。これを連続的なものと捉え直すことが急務です。このためには、人材養成に向けた産学官の対話が重要です。この前提として、大学側には、①大学の教育水準と卒業生の質の保証、②成績の根拠や学びの内容の明確化が求められます。一方、社会や企業には、求める人材像を大学や学生に明示することが必要です。

　社会が求める人材像や企業の形態が刻々と変化するとともに、人生100年時代を迎え、従来の単線型キャリア・パスではなく、仕事と学びとを往復しながら、さまざまな活動を行う人生のマルチステージ化が急速に進んでいます（図2-6　p.84）。これらの変化に対応するために、人々は能動的に学び続け、価値観を絶えず更新することが求められます。この観点から、リカレント教育の必要性は広く社会で共有され、その拡充に向けて、内閣府、文部科学省、経済産業省、厚生労働省など関係省庁で検討が進んでいます。

　「新しい経済政策パッケージ」（2017年12月8日閣議決定）においては、2018年夏に向けての検討事項として、リカレント教育の拡充が掲げられています[17]。経済産業省の「我が国産業における人材力強化に向けた研究会」報告書[18]では、IT分野に限らず、広く社会人が学べる環境を作っていく必要があると提言しています。さらに、文部科学省の教育振興基本計画（2018年6月15日閣議決定）においても「職業に必要な知識やスキルを生涯を通じて身につけるための社会人の学び直しの推進」が大きなテーマの一つになっており、2022年度までに実現すべき数値目標として、大学等での社会人受講者数100万人（現在の約2倍）を掲げています[19]。

　社会人学習が、これほど注目されたことは過去にありません。おそらく、日本の国際社会の中での存在感の低下に対する危惧の現れと思われます。これは、政策の問題だけではなく、高等教育機関やそれらの構成員も大きな責任を負っています。高等教育機関は、減少する18歳人口の補塡としての社会人教育という発想から脱却して、社会人のニーズを的確に把握した上で、それぞれ固有のプログラムを実施し、成果を産み出す責任が求められています。

《注》
(1)　中央教育審議会（2018）『2040年に向けた高等教育のグランドデザイン（答申）』
　　　https://www.mext.go.jp/content/20200312-mxt_koutou01-100006282_1.pdf　p. 2
(2)　川口昭彦（一般社団法人専門職高等教育質保証機構編）『高等職業教育質保証
　　　の理論と実践』専門学校質保証シリーズ、ぎょうせい、平成27年　pp. 127-158

⑶　文部科学省（2018）中央教育審議会　大学分科会　制度・教育改革ワーキンググループ資料　https://www.mext.go.jp/b_menu/shingi/chukyo/chukyo4/043/siryo/1393770.htm

⑷　⑴のpp. 27-28

⑸　ビューティビジネス大学院評価基準要綱（専門職大学院認証評価）　https://qaphe.com/wp/wp-content/uploads/kijunyoukou2022.pdf

⑹　ビューティビジネス大学院自己評価実施要項（専門職大学院認証評価）https://qaphe.com/wp/wp-content/uploads/jikohyoka2022.pdf

⑺　ビューティビジネス大学院評価実施手引書（専門職大学院認証評価）　https://qaphe.com/wp/wp-content/uploads/tebikisyo2022.pdf

⑻　学生個人が主体となる「学修成果」と区別するために、教育機関が主体となる活動を「教育成果」とよぶ。

⑼　川口昭彦、江島夏実（一般社団法人専門職高等教育質保証機構編）『リカレント教育とその質保証—日本の生産性向上に貢献するサービスビジネスとしての質保証』専門職教育質保証シリーズ、ぎょうせい、令和3年　pp. 31-41

⑽　経済産業省（2021）リスキリングとは—DX時代の人材戦略と世界の潮流—https://www.meti.go.jp/shingikai/mono_info_service/digital_jinzai/pdf/002_02_02.pdf　p. 6

⑾　世界経済フォーラム（ダボス会議）2020年次総会　https://jp.weforum.org/agenda/2020/01/2-10-1/

⑿　日本経団連教育問題委員会（2004）「企業の求める人材像についてのアンケート結果」　https://www.keidanren.or.jp/japanese/policy/2004/083.pdf　pp. 13-14を参考に著者が作成

⒀　技術系人材を採用する立場から、企業については、大学院・大学（理系専攻、学部、学科）に対して人材育成の点で何を期待するか、520社に質問（三項目まで選択）。520社に占める割合を示す。大学院・大学については、修士課程修了後に博士課程に進学せず就職する大学院生および学部生への教育にあたり、特に注力している点について、三項目まで選択。全国20大学のうち、回答のあった16大学の理系39学部と37研究科の合計に占める割合を示す。

⒁　事務系人材を採用する立場から、企業については、大学院・大学（文系専攻、学部、学科）に対して人材育成の点で何を期待するか、684社に質問（三項目まで選択）。684社に占める割合を示す。修士課程修了後に博士課程に進学せ

ず就職する大学院生および学部生への教育にあたり、特に注力している点について、三項目まで選択。全国20大学のうち、回答のあった16大学の文系48学部と49研究科の合計に占める割合を示す。

⒂　経済同友会（2014）「企業の採用と教育に関するアンケート調査」結果　https://www.doyukai.or.jp/policyproposals/articles/2014/pdf/141222a.pdf　p. 39

⒃　文部科学省（2016）「社会人の大学等における学び直しの実態把握に関する調査研究報告書」　https://www.mext.go.jp/a_menu/koutou/itaku/__icsFiles/afieldfile/2016/06/02/1371459_01.pdf　p. 75

⒄　閣議決定（2017）「新しい経済政策パッケージについて」　https://www5.cao.go.jp/keizai1/package/20171208_package.pdf

⒅　通商産業省中小企業庁（2018）「我が国産業における人材力強化に向けた研究会」（人材力研究会）報告書　https://www.meti.go.jp/report/whitepaper/data/pdf/20180319001_1.pdf

⒆　閣議決定（2018）教育振興基本計画　https://www.mext.go.jp/content/1406127_002.pdf

第2章

DX時代の専門職大学院・大学像

　日本の高等教育が大変革の波に晒されていることは疑いの余地はありません。この大変革は若年人口の縮小、研究に基づく技術革新の必要性、大学間の国際競争激化、産業構造の変化などの結果です。二十世紀には、製造業がわが国を支えていましたが、今やサービス業が7割を超えています。製造業とサービス業とでは、価値（質）に異なる視点が入ります。製造業においては、決まった基準で判定する質であり、多様性という考え方が入る余地は少なく、欠点がないこと（zero　defects）が重視されます。これに対してサービス業では、欠点を最小限にすることのみならず、顧客に不満がないという視点が重要となります。すなわち、サービス業の質の重点は、顧客満足（consumer satisfaction）になります。

　かつての教育は、均一的な教育によって人材を育てる傾向が強かったのですが、今や、「個々人の可能性を最大限に伸長する教育」への転換が迫られています。そして、高等教育には、授業形態をこれまでよりも柔軟にすることや、授業内容をより実践を意識したものへの変革が求められています。

第1節　教学マネジメントと内部質保証

　日本の教育システムの問題点は、学習の主な目的を知識・技能の修得や再生産と位置づけ、イノベーションや社会の変革を学習の目的とは認識していないことです。学習の目的は、個々人が自らの世界観や価値観を構築し知的に成長し続けて、その知によって新たな価値を創造し、より良い社会への変革に貢献することと捉え直す必要があります（図3-6）。OECD Learning Compass 2030[1]では、「社会を変革しより良い方向へ未来を創造するコンピ

テンシー（transformative competencies）」として、新たな価値を創造する力（creating new value）、責任ある行動をとる力（taking responsibility）、対立やジレンマに対処する力（reconciling tensions and dilemmas）の三つを掲げています。このように、学習の目的そのものが変わりつつありますから、それに対応した教学マネジメントの変革が必要となります。時代の変化に対応した学びのデザインが求められています。

図3-6 「学修者本位の教育」への変革

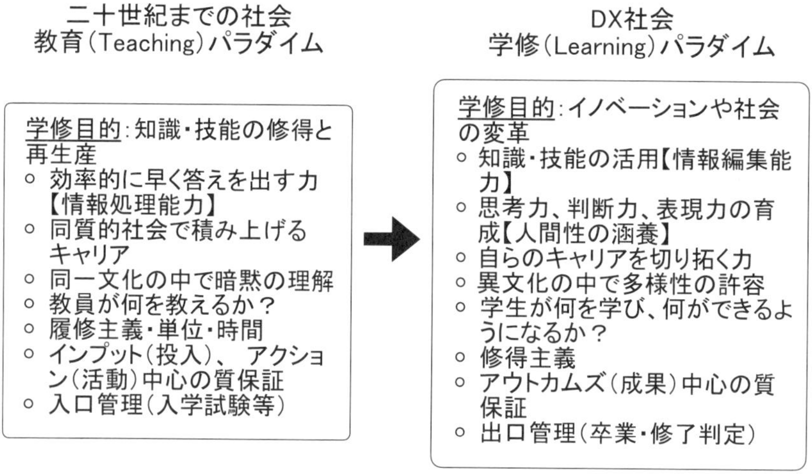

二十世紀までの社会
教育（Teaching）パラダイム

学修目的：知識・技能の修得と再生産
- 効率的に早く答えを出す力【情報処理能力】
- 同質的社会で積み上げるキャリア
- 同一文化の中で暗黙の理解
- 教員が何を教えるか？
- 履修主義・単位・時間
- インプット（投入）、アクション（活動）中心の質保証
- 入口管理（入学試験等）

DX社会
学修（Learning）パラダイム

学修目的：イノベーションや社会の変革
- 知識・技能の活用【情報編集能力】
- 思考力、判断力、表現力の育成【人間性の涵養】
- 自らのキャリアを切り拓く力
- 異文化の中で多様性の許容
- 学生が何を学び、何ができるようになるか？
- 修得主義
- アウトカムズ（成果）中心の質保証
- 出口管理（卒業・修了判定）

　もう一点は、「学修者本位の教育」への転換です（図3-6）。一言でいうと、教学マネジメントにおける、今までの「教員（供給者）目線」から脱却して「学生（学修者）目線」への改革です。従来は、教育課程の編成は、個々の教員が教えたい内容の集合体でした。しかし、今後は、学修者の知的習熟過程等を考慮し、学位を与える課程としてのカリキュラム全体の構成、学修者が身につけた内容を自ら社会に対し説明し納得を得る能力を涵養できるように体系的に構成することが求められています（コラム3-8）。

コラム 3-8

大学は、「知の共同体」から、二十一世紀社会に貢献する人材育成のための「知の協働・経営体」への脱皮を

　教学マネジメントは「大学がその教育目的を達成するために行う管理運営」と定義でき、大学の内部質保証システムの確立にも密接に関わる重要な作業です。教学マネジメントの確立にあたって詳細は、中央教育審議会大学分科会[2]『教学マネジメント指針』を参照ください。教学マネジメント確立の前提として、①教育活動に用いることができる学内および学生の資源は有限（有する資源の的確な把握）、②学修者本位の教育の実現のために「供給者目線」から「学修者目線」へ転換という二つの認識が、とくに重要です。教学マネジメントの確立には、さまざまな作業（図3-7）が必要となりますが、個々の作業を個別に独立したものとして取り組むのではなく、学修者本位の教育という目標に向けて、それぞれの取組を有機的に関連づけ、根本的かつ包括的な教育改善・向上につなげなければなりません（表3-7）。このためには、ディプロマ・ポリシー、カリキュラム・ポリシー、アドミッション・ポリシーの三ポリシーに加えて、アセスメント・ポリシー（学位プログラム共通の考え方や尺度）に則って点検・評価することが、不可欠な作業となります。

図3-7　教学マネジメントの概略

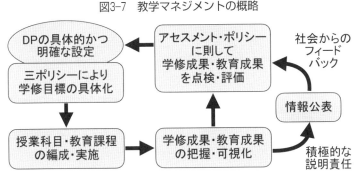

DP：ディプロマ・ポリシー

表3-7　教学マネジメント各作業内容の概要

作業内容の概要	実施レベル
三ポリシーにより学修目標の具体化 ・ディプロマ・ポリシーは、学生の学修目標および卒業生に最低限備わっている能力の保証として機能するため、具体的かつ明確に定められる必要がある。 ・三ポリシーは、学修者本位の教育の質向上を図るための出発点であり、教学マネジメントの確立に当たって最も重要なものである。 ・三ポリシーには、大学の強みや特色が反映されなければならない。	大学全体レベル 学位プログラムレベル
授業科目・教育課程の編成・実施 ・明確な明確な到達目標を有する個々の授業科目が学位プログラムを支える構造となるよう、体系的・組織的に教育課程を編成 ・授業科目の過不足（カリキュラムマップ等の作成）、各授業科目の相互関係、履修順序や履修要件について検証（カリキュラムツリー等の作成） ・学生個々の学修意欲を高め、主体的な学修を促進するための、授業科目の精選・統合のみならず、同時に履修する授業科目数の絞り込み ・学生・教員の共通理解の基盤や成績評価の基点として、適切なシラバスの作成 ・ディプロマ・ポリシーと各授業の到達目標の関係の検証	大学全体レベル 学位プログラムレベル 授業科目レベル
学修成果・教育成果の把握・可視化 ・一人ひとり学生が自らの学修成果を自覚し、根拠資料によって説明できる能力 ・教育改善につながる、複数の情報を組み合わせて多元的に学修成果・教育成果を把握・可視化 ・学修成果・教育成果の把握・可視化の前提として、成績評価の信頼性を確保	大学全体レベル 学位プログラムレベル 授業科目レベル

アセスメント・ポリシーに則した学修成果・教育成果の点検・評価 ・学位プログラム共通の考え方や尺度（アセスメント・ポリシー）を定め、これに則した学修成果・教育成果の定期的な実施 ・点検・評価の目的、達成すべき質的水準および具体的実施方法等についても、三ポリシーの内容に則して予め定める ・各学位プログラム単位で、アセスメント・ポリシー等にしたがって、日常的な点検（モニタリング）や総合的な点検・評価(レビュー)が行われていることを確認 ・点検・評価結果を教育の改善・向上に資する：学修者本位の教育の実現のため、各大学の既存のシステムを学修者目線で捉え直し、改善する包括的な改革に取り組む	大学全体レベル 学位プログラムレベル 授業科目レベル
情報公表 ・地域社会や産業界、大学進学者など社会からの評価を通じた大学教育の質向上を図る上で、さらに学修者本位の観点から教育を充実する上でも、学修成果・育成果を自発的・積極的に公表 ・積極的に明責任を果たすことによって、社会からの信頼と支援を得るという好循環の形成	大学全体レベル

　教学マネジメントの確立の基盤を支える重要な取組が、インスティテューショナル・リサーチ（IR）体制の整備に加えて、マネジャー・ディベロップメント（MD）、ファカルティ・ディベロップメント（FD）およびスタッフ・ディベロップメント（SD）の高度化です。MD、FDおよびSDについては、第3章（pp. 169-185）で解説します。ここでは、IR（教学部分については「教学IR」とよびます。）について簡単に説明します。高等教育機関において、機関に関する情報の調査および分析を実施する機能または部門です[3]。機関情報を一元的に収集・分析することで、機関が計画立案、政策形成、意思決定を円滑に行うことを可能とします。必要に応じて、学内外に対し機関

情報の提供も行います。IRは、まだ日本ではアメリカ合衆国の実践が紹介されている段階であり、教学マネジメントの中で十分機能している状況にはありません[4]。

　学修成果と共に重要視されているのが「内部質保証」です。内部質保証について、さまざまな理解が行われています。よく見られる事例は、教育研究に関する種々の質的・量的データを収集・点検し、公表すると捉える考え方です。しかし、これでは自己点検・評価とほとんど同義になります。自己点検・評価は、1999年度から義務化[5]されているわけですから、新たに「内部質保証」という以上は、コラム3-9に示したような自己点検・評価を越える、新たな側面があるべきです。

コラム 3-9

内部質保証とは、
大学が、**自らの責任**で自学の諸活動について**点検・評価**を行い、その結果をもとに**改革・改善に努め**、それによって**その質を自ら保証**すること。

　両者の差を一言で言えば、PDCAサイクルにおけるA局面の有無になります。自己点検・評価は、P（計画）、D（実行）の局面をうけて、C（チェック）までを行う局面にあたります。しかし、PDCAサイクルが完結し、実効ある改革・改善が実現するには、最後のA（実行）局面が伴わなければ、「評価のための評価」に終わってしまい、意味がありません。つまり、内部質保証の肝心な点は、点検・評価結果をうけて、それと連動する形で改善・改革が実行され（図3-8）その成果が広く社会に公表・説明されることです。その上で、質向上サイクル（図3-9）が学内で絶えず機能していることが、社会から求められます。すなわち、自己点検・評価は、内部質保証を行うために必要な作業であると言えます。

図3-8　内部質保証のプロセス

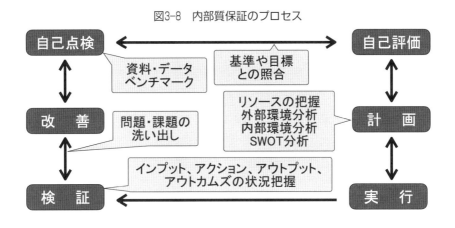

図3-9　質向上サイクル

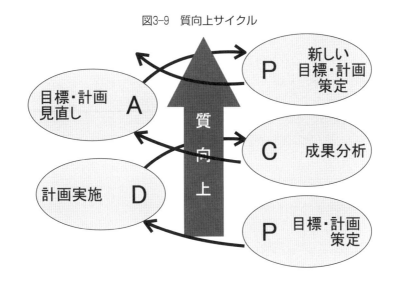

　いかにすれば、A局面まで含めた内部質保証の仕組みを作ることができるでしょうか。ここで、大学を社会の他の組織との対比で捉えてみたいと思います。大学は、社会的分業の中で、自らに与えられた役割・使命を果たすために活動する組織です。その点では、企業などの他の組織と基本的には変わ

りません。企業とは違って、大学は利潤追求をめざしてはいませんし、成果を短期的に目に見える形で示すことが難しい場合も多々あります。しかし、自らに業務の目標を課し、その達成によって社会に貢献するという点では、大学も企業等も同じです。

　今日では、大学も含めて社会の組織は大規模化しています。企業の世界でも、むろん個人商店的な会社もありますが、多くの企業では、多数の社員が多種多様な業務に携わっています。大規模な組織では、トップが一人で切り盛りするのはもはや不可能となっていますので、組織を部門に分け、それらの間で運営を分担することになります。しかし、各部門が、それぞれバラバラに動いたのでは、一組織とは言えません。組織全体の中で、それぞれの部門がきちんと役割を果たすために、トップと部門との間に指示と報告の仕組みが不可欠になります。そのための仕組みとして考えられたのが**内部統制**です。

　それぞれの部門では、決められた規則に沿って業務を行うように、自主規制（self-control）が発揮されます。規則にしたがって、組織内の意思疎通が行われることになります。これらが定められたとおり機能する場合は問題がないのですが、それでは済まない事態が生じることもあります。事態が深刻な場合には、組織全体の運営に大きな支障が生じることもあり得ます。そうはならないように、内部統制が有効に機能していることを担保する必要があります。これが**内部監査**です。

　多様化・複雑化した社会に貢献する人材を送り出すことが、大学の責務ですから、組織（大学院や大学、研究科や専攻あるいは学部や学科）として、どのような人材を育成するかを明確にし、組織全体が、それに向けて教育研究を推進することが重要です。

　以上を整理すると、内部統制・監査を大学にも適用するという考えは、重要な視点となります。「統制」や「監査」という言葉には、「制約」や「強制」の響きが感じられ、大学では抵抗感があるかもしれません。しかし、「組織の運営のための仕組み」という意味と考えるべきです。そのように考えると、大学でも、教育研究などの業務を適正かつ効率的に進めているかをチェック

する仕組みを設けるべきです。教育の内部質保証とは、換言すれば、教育について内部統制・監査をうまく機能させることだと理解してもよいでしょう。

第2節　アクティブ・ラーニングとファシリテーターとしての教員

　アクティブ・ラーニングは、単に知識を獲得するだけでなく、問題発見や解決、あるいは他者との協働など、学生に主体性、自律性や自覚を認識させる学習のあり方として、有効です。アクティブ・ラーニングという言葉は、2012年の中央教育審議会答申[6]に登場して、従来の教育が新しい教育へと転換する先のあり方として位置づけられました（コラム3-10）。大学教育にアクティブ・ラーニングの導入が提案されたのに続き、2014年には高等学校においてもアクティブ・ラーニングが言及され[7]、さらに2017年に公示された学習指導要領[8]は、「アクティブ・ラーニング」という言葉を使っていないものの、「主体的・対話的で深い学び」という表現で、小中学校でもその取組に向けた授業改善を求めています。

コラム 3-10

アクティブ・ラーニングとは、
教員による一方向的な講義形式の教育とは異なり、学修者の**能動的な学修への参加**を取り入れた教授・学習法の総称。学修者が能動的に学修することによって、**認知的、倫理的、社会的能力、教養、知識、経験を含めた汎用的能力の育成**を図る。**発見学習、問題解決学習、体験学習、調査学習**等が含まれるが、教室内での**グループ・ディスカッション、ディベート、グループ・ワーク**等も有効なアクティブ・ラーニングの方法である。

　高等学校の新学習指導要領（2022年4月から年次進行の形で実施され始めました。）のポイントは、①自らの生き方を選択できる力を育むための生徒

主体の教育課程（何ができるようになるか）、②社会と連携・協働しながら、未来の創り手となるための資質・能力を育む（社会に開かれた教育課程）の二点です。この基盤となるのがアクティブ・ラーニングで、この新学習指導要領で教育を受けた生徒が数年後には大学に入学してくるわけですから、大学も、これを念頭に置いた変革が不可欠となります。

　アクティブ・ラーニングは、「いかに教えたか」から「いかに学んだか」という言葉に象徴されるように、教授者本位から学修者本位の教育への変革について、学び方の観点から応じるものです。これまでは教授者の「教えたこと」によって教育が語られてきましたが、アクティブ・ラーニングのもとでは、学修者が「学んだこと」で教育を捉えることになります。学生自身が主体的かつ自律的な学びを進めていく上で、アクティブ・ラーニングは授業をデザインする際の根幹となります。アクティブ・ラーニングは、「能動的な学習」と日本語訳されていますが、従来からの「知識の伝達」に重点をおいた一方向の授業に対するアンチテーゼとして出現しました。そして、この「能動的」をどのような観点から捉えるかによって、多様な定義が存在します[9]。

　アクティブ・ラーニングは、特定の方法があるわけではなく、多様な教授・学習法の総称です（コラム3-10）。学生の特性や学習内容によって方法や内容は異なります。問題解決学習（Peoblem Based Learing, PBL）、ピア・インストラクション（Peer Instrucation, PI）、シンク・ペア・シェア（Think-Pair-Share）、ジグソー法などは、紹介しました[9,10]。グループワークなど協同学習を含めたアクティブ・ラーニングは、対面でしかできないと思われているかもしれませんが、技術的な進歩によって、オンラインでも実施が可能となっています[11]。アクティブ・ラーニングは「学修者本位の教育」の中で中心的な位置づけにありますから、これがオンラインでも実施できれば、幅広く質の高い学習機会を提供することが可能になります。

　アクティブ・ラーニングを取り入れた授業によって、教育の質が高まることが明らかになっています。代表的な調査結果を紹介しましょう。初等物理学の大規模授業について、①一方向の講義型の授業と②アクティブ・ラーニ

ングを取り入れた授業を比較した研究があります⁽¹²⁾。学生の成績は、明らか
に後者のアクティブ・ラーニングを取り入れた授業の方が高く、その効果は
対面式の個別指導に相当するほどのレベルでした。さらに、この授業の出席
率が向上するなどの結果も報告されています。さまざまな理系科目について、
多種類のアクティブ・ラーニングの効果を調査して、アクティブ・ラーニン
グの効果があったのか否かを総合的に検証する研究⁽¹³⁾もあります。その結
果、生物学、化学、物理学などほとんどすべての分野の授業について、アク
ティブ・ラーニングを取り入れた授業の方が、一方向の講義型の授業と比較
して、学習効果のより高いこと、そして、単位を落とす割合の減少が明らか
になっています。

　学修者中心の学修環境と教員中心の学修環境の差異をまとめました（表3-
8）。アクティブ・ラーニングの方法としては、他者との協同学習も含まれま
す。この協同学習を授業に取り入れることによって、学習内容の理解という
学習効果のほかに、対人関係を改善し、自尊心を高めること、すなわち「人
間力」を高めることが明らかになっています（コラム3-11）⁽¹⁴⁾。

表3-8　学修環境の変化

	学修者中心の学修環境	教員中心の学修環境
クラスの活動	学修者中心、双方向・多方向	教員中心、一方向
教員の役割	協力者（ファシリテーター）、しばしば学習者	知識・技能の伝達者、専門家
指導の強調点	関係性、問い、創造	知識・技能の獲得
成績評価	理解の質、習熟度評価、到達度評価、パフォーマンス評価、ポートフォリオ	基準準拠、多肢選択
テクノロジーの利用	コミュニケーション、アクセス、協力、表現	ドリルと練習

コラム 3-11

アクティブ・ラーニングには、学習内容の理解だけではなく、**学生の対人関係を改善**し、**自尊心を高める**効果が期待できる。

「すべての授業をアクティブ・ラーニングにしなければならない。」というわけでも決してありません。アクティブ・ラーニングに取り組むためには、学習目標に応じた事前知識が不可欠ですから、知識伝達の講義型授業も必要です。要するに、従来からの講義型授業とアクティブ・ラーニング型授業との「ハイブリッド」が肝要なのです。ただ、両者の授業では、教員の役割が大幅に異なることを認識する必要があります（表3-8）。

アクティブ・ラーニングを授業に取り入れる場合に、いわゆる学生へ丸投げでは決して学習効果は高まりません。設定された学習目標に対して、達成されるプロセスをデザインすることが不可欠です。この学習目標を設定し、プロセスをデザインする責任は教員にあります。教員が考えるべきは、「学生をどのように育てるか？」「卒業（修了）までにどのような能力を身につけさせるか？」という理念です。この理念の学生との共有が基本となり、アクティブ・ラーニング型授業の方針や形式・内容が決まります。その上で、授業を進行する上で、教員に問われるのがファシリテーション能力です。

一般的に、大学教員の多くは、これまで教育を「知識・技能」を伝授するものと捉え、自分が受けてきた授業の再生産という形を取る傾向がありました。しかし、「何を教えるか」という教育パラダイムから「何を学び、何ができるようになるか」という学修者本位の教育への変革が迫られている今、教員は「過去の経験」では到底対応できない事態に直面しています（コラム3-12）。わが国の大学教育の国際的な存在感が低下しつつある中で、この教員の意識改革は喫緊の課題です。

コラム 3-12

学修者本位の教育への変革の最重要課題は、**教員の意識改革**である。

　日本においては、大学教員になるために教員免許は必要ではなく、また、「教育者」としてのトレーニングも公的には義務づけられてはいませんでした。しかし、2019年に大学院設置基準（第四十二条の二）によって、大学院博士課程をもつ大学に対しては、大学院生に対して教育について体系的に学ぶ機会の用意またはそうした情報提供を行うことが努力義務化されました[15]。この動きは、大学改革に必須となる、教員の意識改革に寄与する動きということができます。これは「未来の大学教員」に対する方策ですが、現役の教員に対しては、各大学において教員に対する職能開発の機会として、ファカルティ・ディベロップメント（FD）が義務化されています。FDについては、第3章第2節（pp. 174-180）で議論します。

第3節　ティーチング・ポートフォリオ：ジョブ型体制による教育機関の活性化

　アクティブ・ラーニングとラーニング・ポートフォリオ（第二部第2章第3節　pp. 96-100）が、これからの大学における「学修者本位の教育」を実現する上で、重要な概念およびシステム・仕組みであることを解説しました。しかし、当然のことながら、これらが教育に生かされるためには、教員の教育観の転換や、これらに対する正しい理解と活用に関する知識が不可欠です。しかし残念ながら、これらの転換が自然発生的に起こり、アクティブ・ラーニングとラーニング・ポートフォリオに関する知識の獲得が進展するとは思えません。一葉の通知文書による連絡や努力目標を掲げるだけでは、変化が起こることは期待できません。それらは、わが国の従来からの授業方法や学生に対する指導等を根底から塗り替えるような変革を求めるものです。

　アクティブ・ラーニングとラーニング・ポートフォリオを実際に取り入れて活用していく前提として、教員自身が、その価値を見出し、活用できるスキルを有し、実行できるという確信をもつ必要があります。行動を起こすに

は、まず、そのためのモチベーションが必要です。たとえば「アクティブ・ラーニングを授業に取り入れる」行動を起こすには、その意義や効果を正しく理解し、実際に体験をすることで価値を実感して、自分でもできると思えるようになることが必要です。単に「アクティブ・ラーニング」に関する知識やスキルだけでなく、アクティブ・ラーニングを取り入れた授業のデザインや、その評価に関するプログラムの体系的整備も望まれます。

　ラーニング・ポートフォリオは学生が作成するものですが、学修者本位の教育に向けて、日々不断の教育改善を行い、変革につなげるためには、教員自身の自己省察も必要です。教員が教育活動に関して作成するポートフォリオは「ティーチング・ポートフォリオ」とよばれています[16]。ティーチング・ポートフォリオを作成することで自己省察による教育改善サイクルがまわると共に、教育業績が可視化されることによって、教員の教育者としての側面の正しい評価につながります。大学の執行部は、このティーチング・ポートフォリオを総合的に分析して、自らの機関の教育力を判断すべきです。

　学生が作成するラーニング・ポートフォリオは、教員自身の教育活動に関する自己省察を行う際の材料あるいは根拠資料にもなります。ティーチング・ポートフォリオ作成によって認識できる「自分に不足していること」が、ファカルティ・ディベロップメント（FD）プログラムとして用意され学べることによって、FDが教育の改善につながることとなります。このように、ラーニング・ポートフォリオ、ティーチング・ポートフォリオ、FDプログラムの有機的な連携によって、よりよい教育への改善サイクルが期待できます（図3-10）。

図3-10　教育の質向上に資する三要素

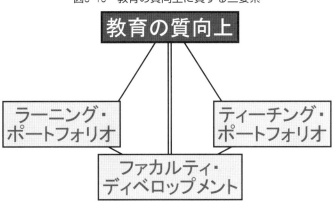

　従来の大学の教員評価は、研究業績の評価が中心でした。しかしながら、専門職大学院・大学には実務家教員が一定数おり、評価システムが研究論文数というわけにはいきません。教員に求められているのは「教育」が中心であり、臨地実務実習の受け入れ先等との連携も求められますから、社会的活動も重要な要素となります。このような視点から、研究業績に代わってティーチング・ポートフォリオが、専門職大学院・大学における業績管理・評価の重要なツールとなります。

アカデミック・ポートフォリオ

　大学教員は、教育活動以外にも研究活動をはじめ多様な活動を行っていますから、アカデミック・ポートフォリオ[17]の作成をお勧めします（コラム3-13）。コラム中の「サービス活動」とは、学内における管理運営業務および学外における学会関連業務、社会貢献活動などを含めた活動をさします。もちろん、これにはティーチング・ポートフォリオの内容も含まれており、アカデミック・ポートフォリオは教員の活動をより包括的に扱うポートフォリオです。

> ### コラム 3-13
>
> **アカデミック・ポートフォリオとは、**
> **教育、研究、サービス活動の業績**についての**自己省察**による記述部分、
> およびその記述を裏づける**根拠資料**の集合体であり、
> 一人の大学教員の最も重要な**専門的成果に関する情報**をまとめたもので
> ある。

　アカデミック・ポートフォリオ（本節では「ポートフォリオ」と略します。）
とティーチング・ポートフォリオに共通の特徴は、つぎのようにまとめられ
ます。

① 　**「何をなしたか」**だけでなく、**「なぜ」「どのように」**という活動の理
　　念や工夫、方法を**自己省察**により明確化します。
② 　本文は**根拠資料**（エビデンス）によって裏づけられます。
③ 　作成者の活動の特徴に柔軟に対応し、業績の**「質」**を描き出す機能を
　　もちます。
④ 　「網羅的」ではなく**厳選された情報の集積**です。

　これらの特徴を有するポートフォリオは、各教員の活動の価値や意義を明
らかにし、多様な業績を統合的に把握するためのツールです。また、作成自
体が業績の改善にもつながることを期待できます。これまでの業績評価で
は、研究業績リスト、担当授業科目、社会活動への参加状況など、それぞれ
の活動が別々に「事実」に注目して記述される場合が多数でした。しかし、
ポートフォリオでは、教員個人のあらゆる活動について、本人の理念や意義
に基づき、一貫性をもって包括的に記述されるために、今まで必ずしも十分
には明らかにならなかった活動全体に関して、教員自らが省察して、評価す
ることが期待できます。

　ポートフォリオの基本的構造と典型的な構成例は、表3-9および表3-10に
それぞれ示しました[18]。各項目のページ数の目安も示してあります。教育、
研究、サービス活動のバランスは、作成者の活動状況に応じて柔軟に変化さ

せることができます。また、作成目的によっては所属機関のもつ特性や理念に沿ったバランスや項目が求められることがあるでしょう。あるいは、評価者の側で必須とする項目が設定されることもあるでしょう。

表3-9　ポートフォリオの構成

項　目	内　　容	ページ数
①　序	作成目的の他、自身の活動の重要性や質の高さについての概要説明などを説明します。	0.5〜1
②　教育	教育の責務としている範囲とその理念およびそれを具現化している方法、改善の工夫や授業評価結果、学習の成果などを一貫性をもって記述します。	5〜6
③　研究	研究の概略と意義、重要性の説明にはじまり、代表的な研究論文／作品、他者からの評、研究費補助金取得実績、共同研究などを記述します。	5〜6
④　サービス	学内の委員会等の活動実績や学外の社会的活動、学会における編集委員履歴などを記述します。	2〜3
⑤　統合、達成事項、目標	自身のキャリアにとっての教育・研究・サービス活動の相互作用的な意義に関する考察およびこれまでの重要な達成事項と今後の目標について記述します。	1〜2

表3-10　ポートフォリオの典型的な構成例

アカデミック・ポートフォリオ
教員氏名 **所属学科・学部** **大学名**

作成日

目　次

作成の目的

教　育

　教育活動の責任範囲
　教育の理念・目的・方法
　講義の改変について
　代表的科目シラバスおよびその他の教材
　教育改善につながる活動
　学生による授業評価のデータ
　同僚による授業観察報告

研　究

　研究の特徴および当該学問分野における自分の研究の重要性に対する他
　者からの意見
　書籍・査読付学術誌での発表論文または作品の代表例
　獲得した学外資金・研究補助金
　学術編集委員への任命／専門領域の学協会の役員
　学会発表、パフォーマンス、展示の厳選した事例
　大学院学生の指導

サービス活動

　学部・大学委員会や特別作業委員会の事例
　委員会等の役割・貢献に関する説明
　学生への助言、若手教員の指導・メンタリング、サービス・ラーニング
　活動
　地域コミュニティ（市民機関や市民団体への参加等）への貢献

専門的活動および目標の統合

教育、研究、サービス活動が自分の専門的成長および能力開発に、どのように貢献しているかについての説明

特に誇りとする三つの専門的成果

三つの専門的目標

添付資料

　「⑤　統合、達成事項、目標」の項目が、ポートフォリオの特徴の一つです。教員にとって、教育、研究およびサービス活動は、相互に関連性を見いだしにくいものです。実際に業績報告書では、各々が独立に記述され、それらの相互作用について説明が求められることは、ほとんどなかったかもしれません。しかし、自らの自己省察によって関連性や意義が認識されることによって、それぞれの活動に対するモチベーションを高め、さらにパフォーマンスをあげることにつながります。このように、統合の項目は、各教員の個性を主張する根拠となるとともに、教員の意識変革や活動の改善にも役立ちます。この項目に象徴されるように、ポートフォリオにおいては作成者を主体として活動が統合的に記述されます。

　ポートフォリオは、14～19ページ（Ａ４判の一般的な文字数）の文書としてバインダに綴じられます。各セクションについては、表3-9に示したページ数が一般的です。これに、8～10編の根拠資料が、本文に記述された内容を裏づけるために添付されます。これら分量に関する制限は、作成者自身がポートフォリオを更新する場合、あるいは評価者が評価資料として閲覧する場合に、必要充分な情報量をもち、取り扱いが可能であるという観点から設定されています。とくに添付資料については、過剰にならないように留意すべきです。学術論文、書籍、ビデオテープ、CDなど公表されている資料については、記述部分でそれについて簡単に説明した上で、指定した場所で見

られるように引用する工夫も肝要です。

　更新は1年から数年に一度行い、本文や根拠資料についての情報を絶えず最新のものに差し替える作業も重要です。更新を続けてもポートフォリオの分量自体は変化しませんが、古いバージョンや根拠資料は別のフォルダーとして保存しておきます。最近、ポートフォリオは紙媒体ではなく電子媒体（e-ポートフォリオ）で作成・活用される場合も多くなっています。e-ポートフォリオは、音声、ビデオ、グラフィック、テキストなど、多様な形態の内容を収集・構成することが可能となり、社会に対する発信力も大幅に増大します。

　ポートフォリオは、昇任や採用、あるいは報賞などの審査のための資料として、合理的で公正な情報を、取り扱いが可能なサイズで提供することができます。このように、大学教員の複雑かつ個々に異なる活動や業績について社会のより深く理解を得るツールとして、ポートフォリオは有用です。最後に再度強調したいことは、ポートフォリオ作成は、「業績の改善」という目的にも非常に有効です。ポートフォリオを作成する際には、自らの活動やその理念について、集中的に自己省察を行います。つまり、ポートフォリオの作成そのものが、業績改善のプロセスとなります。Zubizarreta[19]のポートフォリオに関する解説が、以上のことを明確に言及しています（コラム3-14）。

コラム 3-14

アカデミック・ポートフォリオとは、
その人の達成した業績、根拠および将来の目標について、
注意深く批判的な視点と目的をもって行われた分析—正真正銘の専門的能力の進展や意義深い査定および理に適った評価に通じる、
業績と将来の方向性に関する自己省察と精査の集合体—である。

　ポートフォリオ作成は、人事決定のための資料や業績改善が重要な目的ですが、教員活動の共有（たとえば、退任間近の教員が自らの卓越した技能などを若手教員に伝える。）や情報の発信（社会に対する教員の活動を伝え、

質の高さを発信する。）にも有用なツールとなります。

《注》

(1) OECD Future of Education and Skills 2030　https://www.oecd.org/education/
2030-project/teaching-and-learning/learning/learning-compass-2030/

(2) 中央教育審議会大学分科会（2020）『教学マネジメント指針』　https://www.
mext.go.jp/content/20200206-mxt_daigakuc03-000004749_001r.pdf

(3) 独立行政法人大学評価・学位授与機構編著『大学評価文化の展開—評価の戦
略的活用をめざして』大学評価・学位授与機構大学評価シリーズ、ぎょうせ
い、2008年　pp. 17-21。独立行政法人大学評価・学位授与機構編著『大学評
価文化の定着—日本の大学教育は国際競争に勝てるか？』大学評価・学位授
与機構大学評価シリーズ、ぎょうせい、2010年　pp. 104-110

(4) 平成24-25年度文部科学省大学改革推進委託事業（2014）大学におけるIR（イン
スティテューショナル・リサーチ）の現状と在り方に関する調査研究報告書
https://www.mext.go.jp/a_menu/koutou/itaku/__icsFiles/afieldfile/2014/06/
10/1347631_01.pdf

(5) 文部科学省（1999）大学設置基準（昭和三十一年文部省令第二十八号）第二条

(6) 中央教育審議会（2012）『新たな未来を築くための大学教育の質的転換に向け
て〜生涯学び続け、主体的に考える力を育成する大学へ〜（答申）』　https://
www.mext.go.jp/component/b_menu/shingi/toushin/__icsFiles/afieldfile/
2012/10/04/1325048_1.pdf　p. 9

(7) 中央教育審議会（2014）『新しい時代にふさわしい高大接続の実現に向けた高
等学校教育、大学教育、大学入学者選抜の一体的改革について〜すべての若
者が夢や目標を芽吹かせ、未来に花開かせるために〜（答申）』　https://www.
mext.go.jp/b_menu/shingi/chukyo/chukyo0/toushin/__icsFiles/afieldfile/
2015/01/14/1354191.pdf

(8) 文部科学省初等中等教育局（2017）『学習指導要領について』　https://www.
mext.go.jp/b_menu/shingi/chukyo/chukyo3/004/siryo/__icsFiles/afieldfile/
2017/08/22/1389010_3_1.pdf

(9) 独立行政法人大学改革支援・学位授与機構編著『危機こそマネジメント改革
の好機』大学改革支援・学位授与機構大学マネジメント改革シリーズ、ぎょ

うせい、2022年　pp. 76-82

⑽　独立行政法人大学評価・学位授与機構編著『大学評価文化の定着―日本の大学は世界で通用するか？』大学評価・学位授与機構大学評価シリーズ、ぎょうせい、2014年　pp. 30-34

⑾　(9)のpp. 103-106

⑿　Deslauriers, L., et al (2011) Improved learning in a large-enrollment physics class. *Science* 332(6031) 862-864.

⒀　Freeman, S., et al (2014) Active learning increases student performance in science, engineering, and mathematics. *Proceedings of the National Academy of Sciences* 111(23) 8410-8415.

⒁　Prince, M. (2004) Does active learning work？ A review of the research *Journal of Engineering Education* 93(3) 223-231.

⒂　学校教育法施行規則及び大学院設置基準の一部を改正する省令の施行等について(通知)(2019)　https://www.mext.go.jp/b_menu/hakusho/nc/1420657.htm

⒃　ピーター・セルディン著　大学評価・学位授与機構監訳　栗田佳代子訳　(2008)『大学教育を変える教育業績記録―ティーチング・ポートフォリオ作成の手引―』玉川大学出版部

⒄　ピーター・セルディン、J. エリザベス・ミラー著　大学評価・学位授与機構監訳　栗田佳代子訳 (2009)『アカデミック・ポートフォリオ』玉川大学出版部

⒅　独立行政法人大学評価・学位授与機構編著『大学評価文化の定着―日本の大学教育は国際競争に勝てるか？』大学評価・学位授与機構大学評価シリーズ、ぎょうせい、2010年　pp. 78-84

⒆　Zubizarreta, J. (2006) The Professional Portfolio: Expanding the value of portfolio development. In P. Seldin & Associates, Evaluating faculty performance: A practical guide to assessing teaching, research, and service (pp. 201-216) Bolton, MA, Anker.

第3章

専門職大学院・大学の高度化と国際競争力強化

　日本の社会全体には、画一的な「年齢主義」が根強く残っています。年齢に応じてやるべきことが決められており、教育については、6・3・3・4制のレール上を一直線に進むことが重視され、そこから外れることに不安を感じる人が多いようです。このような直線的かつ画一的な価値観の根強さが、わが国の多様性とグローバル化の遅れの要因となり、経済や教育研究の低落につながっています。

　社会人が大学で学び直すことの意義は、新しい専門的な知や技能を修得することより、社会経験によって身につけた「思考の殻」を自ら壊して新たな知を創造することにあります。このためには、教育機関における「学生の多様化」が重要であり、高等学校卒業直後の学生のように、経験は少ないものの柔軟な頭をもつ若い世代と社会人が共に学ぶことに意味があります。逆に、若い学生にとっては、社会経験が豊富で自分にはない考え方ができる人々と共に学ぶことは、視野を広げ、職務意識を培い、学びに対する意欲を高めることにつながります。これこそが、求められている「大学教育の高度化」であり、これによって「国際競争力強化」に貢献することになります。

　学生の多様性の実現のためには、教育（カリキュラムやキャリアパス）の複線化が不可欠です。複線化が進展するためには、出口管理を含めた教学マネジメントが重要であり、第1節（pp. 170-174）で解説します。これが、創造的な学びや持続的な大学経営につながります（コラム3-15）。さらに、教職員の意識改革（資質開発と能力向上）も肝要です。

> **コラム 3-15**
>
> **多様性のある共同体**の実現こそが、**創造的な学びと持続的な大学経営の鍵**となる。

　ここで、中央教育審議会答申「我が国の高等教育の将来像」の基本的考え方⁽¹⁾を振り返ってみましょう。この答申は、中長期的（2005年から2020年頃まで）に想定される高等教育の将来像と、その内容の実現に向けて取り組むべき施策を示したものです。日本の高等教育の量的拡大は、国全体の経済発展と個人所得の動向に依存してきて、社会全体での高等教育に関する議論が必ずしも活発ではなかったと指摘されていました。そして、日本社会の持続的発展のために、高等教育が責任を負うべきことが強調されていました。国の施策に加えて重要なことは、学内の教職員の意識改革です。この章では、DX社会の高等教育が向かうべき方向性を踏まえた教職員の意識改革を促すためのマネジャー・ディベロップメント、ファカルティ・ディベロップメントおよびスタッフ・ディベロップメントについて議論します。

　ファカルティ・ディベロップメント（FD）とスタッフ・ディベロップメント（SD）は、すでに義務化されていますが、この章では最初に、マネジャー・ディベロップメント（MD）を提案します。この業務は、従来は、スタッフ・ディベロップメントに含まれていましたが、マネジメント能力が、創造的な学びや持続的な大学経営に直結する観点から別項目を立てました。

第1節　マネジメント能力の開発・向上（マネジャー・ディベロップメント）

　大学は、「共同体的組織」として長い歴史があり、それを補完する形で「経営体的組織」が構築されてきました。これからの大学は、共同体的組織と経営体的組織という二つの要素を適切に組み合わせるとともに、教職員がそれぞれの経験や能力を生かし、必要な諸機能を最も効果的に担い得る、新たな

発想に基づく組織設計と人材配置を行う必要があります⑵。マネジメント
は、「経営管理」と日本語訳されており、「経営管理とは、人に働きかけて、
協働的な営みを発展させることによって、経営資源の転換効率や環境適応の
能力と創造性を高めて、企業の目的を実現しようとする活動である。」と定
義されています⑶。この定義の「企業」を「大学」に置き換えて、以下の議
論を進めます。

　教育研究水準の向上を支える基盤は「マネジメント力」です。ここでいう
マネジメント力とは、資源（人的資源、物的資源、資金、情報など）を獲得
する力であり、これらの資源を有効かつ効率的に活用する力をさします。強
いマネジメント力が教育研究水準の向上を促し、高い教育研究水準が強いマ
ネジメント力を生み出します。このために、マネジメント能力の開発・向上
（マネジャー・ディベロップメント）が重要な課題となっています。大学を
取り巻く環境が厳しさを増せば、マネジメントの巧拙がより直接的に教育研
究水準に影響を及ぼすようになります。教育研究水準を維持・向上させるた
めにも、マネジメント力を持続的に高めていく必要があります（表3-11）。

表3-11　大学マネジメントの進むべき方向性

- 大学自身が、学生などのステークホルダーと社会に向き合って、真の
ニーズを分析し、未来を洞察して、**自らの立ち位置と将来像を構想**する
ことが不可欠である。
- 教員個々の興味・関心を基礎にしつつも、**「組織としての教育力」を確
立**することが求められる。
- 職員一人ひとりも、経営と教学の両面で**主体的かつ能動的に創造性を発
揮**して、機関・組織の未来を切り拓く役割を果たさなければならない。
- すなわち、「知の共同体」から**「知の協働・経営体」への脱皮**が必要で
ある。

　学生募集に始まり、学生の入学から卒業まで一貫した教育とそれを支える
経営、そしてこれらを実現していく戦略が重要となります（図3-11）。この
ような考え方の学内へ浸透・共感を図るために、教職員一丸となって大学の
独自性、個性や魅力を高め続ける意識と行動が必要です。さらに、学外への

浸透・共感を深める活動そして、大学の独自性、個性や魅力を学外に発信し続けることが肝要であり、卒業生の評価も浸透・共感を獲得するために有効です。

図3-11　一貫した教学マネジメント

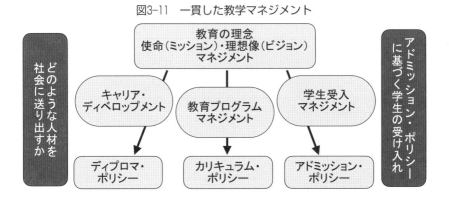

戦略の創出と実行

　マネジャーの第一の任務は、戦略の創出とその実行です。「良い戦略」は、十分な根拠に立脚した基本構造をもち、一貫した行動に直結するものです[4]（表3-12）。「悪い戦略」と言及されている項目は、戦略立案の際に陥りがちな重要な問題を指摘しています[4]。とくに、大学のビジョンと呼ばれるものには、この傾向が強いように思われます。

表3-12　良い戦略と悪い戦略[4]

良い戦略 十分な根拠に立脚した基本構造をもち、一貫した行動に直結する。
悪い戦略 ① 空疎である。 ② 重大な問題に取り組まない。 ③ 目標と戦略の取り違え：困難な問題を乗り越える道筋を示さずに、願望や希望的観測を掲げる。 ④ 間違った戦略目標：戦略目標が、重大な問題とは無関係であったり、実行不能である。

　戦略立案の土台となるものが、自大学の有する経営資源の把握・評価です。とくに、人的資源である教職員の能力・業績、強み・特徴などの把握が、戦略展開の可能性を検討する上で、不可欠な作業です。これが、大学機能の高度化・拡張の原動力となります。戦略に則して、実施すべき事項とそれぞれの到達目標・期限などを具体的に定めたものが「計画」です。戦略が計画に反映されて実行管理されることになります。とくに、教育の改善・改革を進めるためには、内部質保証システム（図3-8　p. 153）の効果的かつ確実な運用が求められます。また、大学計画室（institutional research, IR）も戦略立案において重要な役割を担っています。経営、教育・学生、研究などに関する客観的なデータの収集・分析が優れた戦略を産み出します。このように、IRが戦略の質を左右し、内部質保証が戦略の実行を確実なものとします。

合意形成

　マネジャーのもう一つの重要な任務は、構成員の合意形成です。大学の場合、教授会などによる合意形成プロセスに重点を置く傾向があります[5]。しかしながら、戦略は構成員の意見の最大公約数や多数決によって産み出されるものではありません。自大学の全体的な状況を把握した上で、将来の在り方を常に考えている者が優れた戦略を立案できるのです。いかに優れた戦略でも、合意形成プロセスがなければ、教職員は従わず、実行につながらない危惧があります。どのような提案でも、ある程度の反対はあるかもしれません。しかしながら、十分な根拠と理論に基づく説得力ある戦略であれば、それを明確に説明することで大多数の納得が得られ、実行につながり成果が産まれるはずです（コラム3-16）。

コラム 3-16

戦略は、**変革の信念**をもち続け、**情報や知恵**を集約し、自ら**考え続ける者**からしか産まれない。それを納得し、共感する者が増え、行動を共にすることによって、**実行され、成果**につながる。

　学部長、学科長をはじめ教員が長を務める職位は多いわけですが、これらの役職者のマネジメント能力を目的とした研修は少ないと言わざるを得ません。学長や副学長を対象とした研修・セミナーが大学団体等によって開催されていますが、当該役職に就任して初めて参加したり、単発であったりなど課題も多いようです。多くの教員がマネジメントに携わっているにも拘らず、組織を動かすための知識や技能を体系的に学ぶ場が用意されていないことは大問題です。

　教員および事務職員の双方とも、今日の複雑な社会環境の中で巨大な大学組織を舵取りするのは、いささか荷が勝ちすぎるというのが現状でしょう。人材を育成するには仕組みやノウハウが必要ですから、そう簡単ではありません。個々の大学まかせにしては、遅々として進まないでしょう。そこで、いわば高等教育のインフラとして、人材育成の仕組を高等教育全体で整えるという方針をとるべきではないでしょうか。大学職員養成のための学位プログラムがいくつかの大学で提供されていますし、管理職教員のための研修なども増えてきました[6]。

　しかしながら、外部で実施される研修やセミナーに頼ることは、明らかに限界があります。どうしても、学内あるいは学部内で人材を育成することを念頭に置いた活動が不可欠です。欧米では、それ相応の技量を備えた人物を外部から招聘することは日常茶飯事に行われています。しかし、わが国では、そのような動きも出てきてはいますが、依然として伝統的な雇用・労働環境が主流でしょう。したがって、多少時間はかかっても、組織内で人材を育てることが肝要です。

第2節　教員の資質開発と能力向上（ファカルティ・ディベロップメント）

　教育の使命は、人類の文化的遺産の伝承を踏まえて、未来を創造していくことです。教員として学生に向かい合う時、その学生たちの豊かな未来を願

わない教員はいないでしょう。そうであれば、目の前の学生の未来の社会状況等を考えた教育活動を行わなければなりません。すなわち、教員は、少なくとも10年程度の未来は考えながら、教育活動を行う必要があります。「10年先のことはわからない。」と思われるかもしれませんが、近年の予測技術の発達は驚くべきものがあります。コンピュータの発達とそれを活用した統計的手法の開発が、二十世紀にはできなかった未来予測を可能にしています。2021年のノーベル物理学賞を受賞された真部淑郎博士が、コンピュータを駆使して、大気と海洋を結合した物質の循環モデルを提唱し、二酸化炭素濃度の上昇が地球温暖化に影響するという予測モデルを世界に先駆けて発表されたことは記憶に新しいでしょう。

　わが国の大学の大多数は、高等学校までの教育と同様に、「学年」がカリキュラム編成の基本で、1年生から4年生までの各学年で何を学ぶかが決まっており、すべての学生に同じ学びを与え、同じように4年間で卒業させる仕組みとなっています。学生の多様性や高い能力や意欲をもつ学生への配慮に欠けていると言わざるを得ません。大学における学びを多元的に開き、優秀で意欲のある学生の能力を十分に伸ばすために、構造化されたカリキュラムの中で、一人一人の学生が、それぞれの目的に合わせて科目を選択し、一定の要件を満たせばいつでも次の段階に進むことができる仕組みが望まれます。基礎学力を育むことが主目的の高等学校までの教育とは異なり、課題解決や新しい価値創造に資する能力を育むことが大学教育の目的です（コラム3-17）。このような方向での教員の意識改革が求められます。

コラム 3-17

DX時代における大学教育の目的は、「**知恵**」の修得・創生である。
知恵：物事の理を悟り、**適切に処理する能力**（『広辞苑』第7版）

　知識やスキルは急速に陳腐化するわけですから、学生が将来の長い人生を生きるためには、知識そのものの伝達より「知恵」の修得あるいは「知識欲」の育成が肝要です。あるいは「Learn how to learn（いかに学修するかを学

修する）」とも言えます。学生の勉学に対する姿勢も多様になっていますから、いかに学生の好奇心を喚起するか、どのようにすれば授業内容に興味を感じさせるようにするかについて、教員はエネルギーを割かなければなりません。「俺の後ろ姿を見てついてこい。」が通用する時代ではなく、若者の関心を喚起するために教える側の「サービス精神」が求められます。もっとも重要なのは「教員自身も絶えず学び続けている。」ことを学生に実感させることです。さりとて、学生が苦痛を感じることを強制し、訓練するという要素を忘れがちになることも避けなければなりません。訓練と強制という要素は、教育には不可欠です。面白さや関心だけから、勉学への積極的な姿勢を引き出そうとすることは、あまりにも一面的すぎます。高等学校までの学習内容が定型化されてしまうことは、ある程度避けがたいと思います。だからこそ、判断力・思考力を高め、非定型的・非日常的な事態に対する対応能力を育成する大学院・大学教育が渇望されています。

知識を行動に結びつける教育

　「学修者本位の教育」（図3-6　p.148）への変革は、知識の伝達・修得を中心とした教育から、知識を行動に結びつける教育への変革と言えます。「行動」に結びつかない「知識」は、単なる「情報」に過ぎません。行動の根幹にはもちろん知識がありますが、それを仕事や生活で実践的に活用する力（技能）や価値観等が関わり合って行動につながるわけです。知識の伝達・修得と再生産を中心とした教育から、知識を行動に結びつける教育への変革の鍵は、ファカルティ・ディベロップメント（FD）の活動にあります。教員の能力開発の責任は一義的には教員自身が負うとしても、大学等も組織として質保証の責任をもつ以上、教員の能力開発への関与は必要です。各大学において、FDの機会は必ず設けることになっていますが、抜本的な変革が求められている現状では、今までのFDの取組は質（内容や形式）量ともに不十分であり、早急の改善が必要です。DX社会に対応するため大学変革を実行するためには、FDの場で、教員集団が、新しい大学のあり方、教育者

としてのあり方を共有し、それを教育の場で実践することが肝要です。

　著者が認証評価で訪問した専門職大学院では、実務家教員と研究系教員がそろって参加した授業を印象深く記憶しています。このクラスの学生の半数以上は社会人学生でしたから、教員同士、教員と学生あるいは学生同士の議論も非常に活発に行われ、非常に高い授業評価結果となっていました。さらに、非常に有効なFDとなっていたことも想像できます。

ファカルティ・ディベロップメントが取り組むべき内容

　FDの重視すべき主な領域（表3-13）のうち、教育に関する②と③に関して、三つの視点から議論します。「学修者本位の教育」をこれからの大学において実現する上で、アクティブ・ラーニング（第三部第2章第2節　pp. 155-159）とラーニング・ポートフォリオ（第二部第2章第3節　pp. 96-100）が重要な概念およびシステム・仕組みであることを解説しました。しかし、当然のことながら、これらが教育に真に生かされるには、教員の教育観の転換や、これに対する正しい理解と活用に関する知識が不可欠です（図3-10 p. 161）。それらは、わが国の従来からの授業方法や学生に対するアプローチを根底から塗り替えるような変革を求めるものですから、これらの転換が自然発生的に起こり、アクティブ・ラーニングとラーニング・ポートフォリオに関する知識の獲得が進展することはありません。FDを通じた教員の意識改革が必要です。

表3-13　ファカルティ・ディベロップメントとして重視される領域

① 研究能力の向上を目的とした研究開発
② 授業運営・手法の能力向上をめざす授業開発
③ 授業内容の充実を図るためのカリキュラム開発
④ 組織基盤の充実をめざす組織開発

　アクティブ・ラーニングやラーニング・ポートフォリオを導入して活用していく前提として、教員自身が、その価値を見出し、活用できる技能を有

し、実践できる必要があります。行動を起こすには、まず、そのためのモチベーションが必要ですが、たとえば「アクティブ・ラーニングを授業に取り入れる」行動を起こすには、FDプログラムにおいて、その意義や効果を正しく知り、また、実際に体験をすることで価値を実感することが重要です。さらには、「アクティブ・ラーニング」に関する知識やスキルだけでなく、アクティブ・ラーニングを取り入れた授業のデザインや、その評価に関するトピックを行うためのプログラムの体系的提供も望まれます。ラーニング・ポートフォリオであれば、そのシステムの正しい使い方の体験に加えて、優れた行動・取組（グッドプラクティス）の紹介などがFDプログラムの一つとしても考えられます。

　他者と同じことができることが評価される時代は終わり、先を見通せない時代を切り拓く上で、他者との対話や協働を重ねながら、自分の知識・理解や技能の特性に応じて自らの学びを振り返り、調整することが重要です。教員には、討論や対話、協働を引き出すファシリテータとしての能力が求められます。

　第二の視点はリカレント教育です。リカレント教育は、「18歳人口減少への対応」としてではなく、「創造的な学びの場の構築」という立場で捉えるべきです。しかしながら、未だ実現途上で模索が続いているのが現状です[7]。世界は、今やいわゆる「タテ社会」から「ヨコ社会」へ大きく転換しています（コラム3-18）。ところが、日本は、タテ社会の中で垂直的に系統化することを得意としてきましたから、ヨコ社会で水平的に流動化する時代になかなか適応できなくて、二十世紀末頃から、もがき続けているのが現状でしょう。大学等も同様です。

コラム 3-18

世界の仕組みは、
同じような価値観をもつ人々の**垂直的、固定的かつ直線的に構成された社会**（タテ社会）から異なる価値観をもつ人々による**水平的、流動的に行き来する社会**（ヨコ社会）へ
大きく転換している。

　大学に求められていることは、高校生が社会に出るための中間点となるのではなく、国や世代を超えて多様な年齢層の人々が交友しながら、それぞれの人生の転換を図ることを支援することです。社会人をはじめとする多様な学生は、学修歴や職業歴さらにキャリアデザインが異なりますから、個々の学生のニーズに対応した指導が求められます（コラム3-19）。したがって、18歳中心の教育から多様な学生を対象として教育への転換が不可欠で、そのために、FDを通じた教員の意識改革が非常に重要となっています。

コラム 3-19

大学は、「18歳中心主義」の均質性の高い体制から脱却して、多様な学生のニーズに対応できる**豊富な教育プログラム**（カリキュラムとキャリアパス）を用意すべきである。

　第三の視点は出口管理です。学生の多様性を数字上ただ実現するだけでは意味がありません。多様性をいかに教育の質向上につなげるかが問題です。適切な出口管理がなく教育の質が保証されなければ、社会は大学教育の存在価値を認めないでしょう（コラム3-20）。ここでいう「適切な出口管理」とは、厳しい成績評価や取得単位数のみをさすのではなく、個々の学生が修得した能力を含めた学修成果に関する情報の提供です。社会が必要としている情報は、学生が「どのような能力をもち、何ができるか？」ですから、これに応えるための出口管理が重要です。このためにも、FDに重要な役割が期待されています。

> **コラム 3-20**
>
> 大学が社会の中での存在価値を高めるためには、**適切な出口管理**と**教育の質保証**が不可欠である。

第3節　職員の職能開発と能力向上（スタッフ・ディベロップメント）

　大学職員は、教員の教育研究活動上で重要な役割を担っていますが、高度化、複雑化する大学問題に対応する複数の業務領域で知見を養う必要性があります。学生生活支援活動や留学生の受入・支援などに関する専門業務など、従来にはなかった区分の能力までが求められています。永井道雄[8]が「日本の大学では、教授の地位が高く、職員はその下働きにすぎないようにみられていますが、この現状を改めるべき」と記述しているように、職員の地位に関する課題を忘れては今後の大学運営は立ち行きません。

　このように多様化・高度化する大学業務を担うことのできる高い専門能力をもった人材の育成が急務です。2017年（平成29年）4月1日から施行された大学・大学院・高等専門学校等の設置基準には、職員がその運営に必要な知識・技能を身につける機会（スタッフ・ディベロップメント、SD）を設けることが規定されました[9]。2016年3月31日付の高等教育局長名の通知では、対象となる「職員」に、事務職員のほか、教授等の教員や学長等の大学執行部、技術職員等が含まれることが明記されています[9]。

　イギリスでは、職員だけでなく教員をも含む大学スタッフの資質向上を目的とした活動が、SDあるいはSDU（Staff Development in University）と表現されていますが、日本では、職員の職能開発活動に限ってスタッフ・ディベロップメント（SD）という言葉が一般的に用いられ、教員を対象としたファカルティ・ディベロップメントとは別に考えられる機会が多く、職員にとってのSD、教員にとってのFDというイメージが定着しています。

　大学をめぐる諸環境は、DX時代を迎え大きく変わり、大学が取るべき対応や行うべき業務は、複雑かつ高度化しています。昔のように、教員が教育や研究に従事し、それを職員が事務的あるいは技術的に支えることで、大学が運営されてきた時代ではもはやありません。変化の緩慢な時代であれば、教授会すなわち教員主導の意思決定だけでも運営は可能だったかもしれません。しかしながら、これからの大学には、DX社会の中で主体性をもってその役割を果たすことが期待されています。各大学は、いかに創造的な学びの場を構築するか、競争的な資金環境の中でいかに教育資金や研究費を確保するか、地域社会や産業界からの期待にいかに応えるか等々さまざまな課題への対応に迫られています。大学本来の教育研究活動も、かつては想像できなかったほど高度化が進み、第2節（pp. 174-180）で解説しましたように、教員の資質開発と能力向上（ファカルティ・ディベロップメント）が喫緊の課題となっています。以前から、大学では「管理運営」という言葉が使われてきましたが、今や「大学経営」という言葉の方が相応しい時代になっています[10]。

大学経営専門職の養成

　大学の機能が拡張し、期待が高まる中で、高度な知識や迅速な判断が求められる厳しいビジネスの世界に大学は入っています。今大学で最も必要とされているのが大学経営専門職（アドミニストレーター）です（コラム3-21）。欧米では、適任者を外部から招請してきますが、わが国の現状では、内部のSDによって育成することを考えなければなりません。もちろん、日常の業務に必要な知識・技能を身につける機会（SD）も必要であることは言うまでもありません。

> **コラム 3-21**
>
> 大学が最も必要とされている人材は、**大学経営専門職**（アドミニストレーター）である。

　教員の中にも大学経営に対する知識や判断力をもった人がいることは間違いありません。ただそれは彼らの個人的資質によるものであって、教員はある分野の専門家であり、教育研究が多様化・複雑化している現状では、教員は教育研究に専念できる体制を構築することこそが日本の大学に求められていることではないでしょうか。これを実現するためには、職員に大学経営に積極的な参画を促し、教職協働体制を構築することが肝要です。

　事務職員の大学経営専門職化については、ドイツで「学術マネジャー」とよばれる高度専門職が参考になります[11]。彼らは、経営陣を補佐する企画部門に任用され、教育研究のマネジメント、質保証、経営データ管理、法務、広報、マーケティングなど、幅広い業務分野を担当します。担当者は、ほとんど博士号（Ph.D.）をもっており、大学の事情、各専門分野の特性を熟知しています。ドイツには、大学職員向けの学位プログラムや、高等教育関連のシンクタンクが提供する研修プログラムも多数あります。とくに後者は、職員のキャリアアップのための長期セミナーから、実務的なテーマに即した短期ワークショップまで、種々のプログラムを提供しています。表3-14に示したプログラムは、大学、研究機関等で学術マネジャーを務める職員（職務経験3年未満）を対象としたものです。

表3-14　ドイツの大学職員向け研修の例

学術マネージャー研修コース（科目群（4日間）を順次履修、合計16日間）

科目群	テーマ	科　　目	内　　　容
1	コミュニケーションと学術制度	学術マネジメント	学術マネジメントの概要、目下の課題・展望
		コミュニケーションと紛争マネジメント	人脈形成、コミュニケーションの基礎・方法・技術、紛争分析、紛争克服の方策
		学術制度・学術法・政治的環境	学術制度の構造・担い手・業績、学術の財務、プロジェクト助成、関係法令、学術制度の政治的展開と展望

2	プロジェクトと改革	プロジェクト・マネジメントとチーム	プロジェクト・マネジメントの基礎、プロジェクトの諸段階、プロジェクト・マネジメントの方法と手段、チームの展開・構造・役割、チーム成功の条件
		改革	学術制度での改革の背景と意義、改革マネジメントの基礎・手段・モデル・成功条件、改革過程での重要局面
3	財務と人事	予算と財務	公共会計の基礎、予算・贈与法、官房会計と複式簿記、原価計算、EUの支援制度、大学・研究機関の税金
		人事	労働法の基礎、職の公募と応募者との面談、一般共同参画法、任期法と賃金法、人材開発の基礎、職場での面接
4	質保証と欧州研究圏	質保証	概念と基礎、学術の質保証、研究・教育・管理運営における質保証、評価、数値と指標、適格認定
		欧州研究圏	諸機関と手順、研究・イノベーション政策、欧州研究圏、EUの研究助成、ホライゾン2020、助成の形式・手順
		キャリア戦略：価値観・能力・将来像	職業上の自己計画、キャリア形成に即した決断、能力像、目標・将来像

大学職員に望まれる能力

　最後に、この激動の時代の大学経営に、職員に求められる資質をまとめましょう。SDの目的は、これらの資質を育成することにあります。まず第一は、DX社会の本質や少子化の動向を正確に把握し、大学として解決すべき課題を的確に捉える能力です。DX社会も少子化も中長期的な社会変化であり、大学経営にとって構造的要因となります。このような問題に対する知識・理解と分析力をもち、教員と協働でこれに対処することが望まれます。
　第二は、教育の工夫改善など学生サービス向上に向けた取組を正確に把握

する能力です。このためには、自分が所属する大学が提供している教育内容を理解する必要があります。大学の「教育研究の内容は知らなくとも学生サービスはできる。」と考える職員（あるいは教員）がいるかもしれません。しかしながら、これからの大学経営には教員と職員の協働関係（コラム3-22）が不可欠ですから、職員も教員の実施する教育内容を理解しておく必要があります。卑近な例をあげましょう。企業が取り扱う商品の内容や長所に関する知識は、その企業の営業活動に不可欠ではないでしょうか。

コラム 3-22

「教員が教育研究を行い、職員はそれを支える。」という文化では、もはや**グローバルな大学の競争には勝てない！！　教職一丸となった協働体制**を基盤とした大学経営が不可欠である。

　第三が、常に新しい分野に興味をもち続けることです。仕事に慣れてくると、保守的になり新しい仕事を敬遠する傾向があります。しかし、何度も指摘しましたように、世の中は急激に変化しているわけですから、未経験なことを敬遠しているわけにはいきません。未経験な分野でも、挑戦して新たに知識・技能を身につけようという積極的な姿勢が必要です。

　第四が、グローバルな視点をもつことです。DX社会では、グローバル化が急速に進行していますから、大学経営は国内のみに視野をおくことはできません。競争相手は国内の大学だけではないのです。国外の多くの大学が、日本の大学市場を狙っています。教員は、自分の専門分野に関してはグローバルな動向を理解していますが、高等教育全体の世界的な状況に関しての理解が十分ではないことが多いでしょう。このため、国際的な競争に負けないように、世界の高等教育の情報の把握は、職員の重要な業務となります。

《注》
⑴　文部科学省（2005）「我が国の高等教育の将来像〈中央教育審議会　答申　ポイント〉」　https://www.mext.go.jp/b_menu/shingi/chukyo/chukyo0/toushin/

attach/1335602.htm

⑵　独立行政法人大学改革支援・学位授与機構編著『グローバル人材教育とその質保証—高等教育機関の課題』大学改革支援・学位授与機構高等教育質保証シリーズ、ぎょうせい、2017年　p. 118

⑶　塩次喜代明他（2009）『経営管理』有斐閣アルマ　pp. 8-9

⑷　Rumelt, R.P.（2012）"Good Strategy/Bad Strategy: The difference and why it matters" Profile Books Ltd　リチャード・P・ルメルト著　村井章子訳（2012）『良い戦略、悪い戦略』日本経済新聞社

⑸　OECD高等教育政策レビューでは、「日本の国公私立大学に、強大な教授会による自治を極端な形で残している。」と言及されている。OECD【編著】森利枝【訳】米澤彰純【解説】（2009）『日本の大学改革—OECD高等教育政策レビュー：日本』明石書店　p. 41

⑹　両角亜希子他（2019）「大学上級管理職向け研修・教育プログラムの現状と課題」両角亜希子編著『学長リーダーシップの条件』東信堂　pp. 36-57

⑺　川口昭彦、江島夏実（一般社団法人専門職高等教育質保証機構編）『リカレント教育とその質保証—日本の生産性向上に貢献するサービスビジネスとしての質保証』専門職教育質保証シリーズ、ぎょうせい、令和3年　pp. 31-47

⑻　永井道雄（1965）『日本の大学—産業社会にはたす役割』中央公論社

⑼　文部科学省（2017）「スタッフ・ディベロップメント（SD）に関する大学設置基準等の改正案のポイント」　https://www.mext.go.jp/b_menu/shingi/chukyo/chukyo4/015/attach/1367493.htm

⑽　山本眞一（2006）『大学事務職員のための高等教育システム論〜より良い大学経営専門職となるために〜』文葉社

⑾　独立行政法人大学改革支援・学位授与機構編著『大学が「知」のリーダーたるための成果重視マネジメント』大学改革支援・学位授与機構大学マネジメント改革シリーズ、ぎょうせい、2020年　pp. 57-58

参考文献・資料

■ 基本的な資料

・川口昭彦（一般社団法人専門職高等教育質保証機構編）『高等職業教育質保証の理論と実践』専門学校質保証シリーズ、ぎょうせい、平成27年
・川口昭彦、江島夏実（一般社団法人専門職高等教育質保証機構編）『リカレント教育とその質保証―日本の生産性向上に貢献するサービスビジネスとしての質保証』専門職教育質保証シリーズ、ぎょうせい、令和3年
・川口昭彦（独立行政法人大学評価・学位授与機構編集）『大学評価文化の展開―わかりやすい大学評価の技法』大学評価・学位授与機構大学評価シリーズ、ぎょうせい、2006年
・独立行政法人大学評価・学位授与機構編著『大学評価文化の展開―高等教育の評価と質保証』大学評価・学位授与機構大学評価シリーズ、ぎょうせい、2007年
・独立行政法人大学評価・学位授与機構編著『大学評価文化の展開―評価の戦略的活用をめざして』大学評価・学位授与機構大学評価シリーズ、ぎょうせい、2008年
・川口昭彦（独立行政法人大学評価・学位授与機構編集）『大学評価文化の定着―大学が知の創造・継承基地となるために』大学評価・学位授与機構大学評価シリーズ、ぎょうせい、2009年
・独立行政法人大学評価・学位授与機構編著『大学評価文化の定着―日本の大学教育は国際競争に勝てるか？』大学評価・学位授与機構大学評価シリーズ、ぎょうせい、2010年
・独立行政法人大学評価・学位授与機構編著『大学評価文化の定着―日本の大学は世界で通用するか？』大学評価・学位授与機構大学評価シリーズ、ぎょうせい、2014年

・独立行政法人大学改革支援・学位授与機構編著『グローバル人材教育とその質保証—高等教育機関の課題』大学改革支援・学位授与機構高等教育質保証シリーズ、ぎょうせい、2017年
・独立行政法人大学改革支援・学位授与機構編著『高等教育機関の矜持と質保証—多様性の中での倫理と学術的誠実性』大学改革支援・学位授与機構高等教育質保証シリーズ、ぎょうせい、2019年
・独立行政法人大学改革支援・学位授与機構編著『内部質保証と外部質保証—社会に開かれた大学教育をめざして』大学改革支援・学位授与機構高等教育質保証シリーズ、ぎょうせい、2020年
・独立行政法人大学改革支援・学位授与機構編著『大学が「知」のリーダーたるための成果重視マネジメント』大学改革支援・学位授与機構大学マネジメント改革シリーズ、ぎょうせい、2020年
・独立行政法人大学改革支援・学位授与機構編著『危機こそマネジメント改革の好機』大学改革支援・学位授与機構大学マネジメント改革シリーズ、ぎょうせい、2022年
・高等教育に関する質保証関係用語集　第5版（Glossary of Quality Assurance in Japanese Higher Education, 5th edition）2021年　https://www.niad.ac.jp/media/008/202107/NIAD-QEGlossary_5thedition.pdf

■　一般社団法人専門職高等教育質保証機構ウェブサイト

URL：https://qaphe.com

■　独立行政法人大学改革支援・学位授与機構ウェブサイト

URL：https://www.niad.ac.jp

あとがき

　急激に進展するデジタルトランスフォーメーション（DX）社会の中で、日本の経済力や高等教育の国際的存在感が低下しています。これらは、わが国の社会構造と深い関係があります。わが国は、伝統的に同じような価値観をもつ人々の**垂直的、固定的かつ直線的に構成された社会**（タテ社会）でした。社会の変化が緩慢な時代では、タテ社会は日本の国際的存在感を高めるために十分機能しました。しかしながら、DX社会では、グローバル化が急速に進み、異なる価値観をもつ人々による**水平的、流動的に行き来する社会**（ヨコ社会）へ移行しています。日本社会全体が、このタテ社会からヨコ社会への変革に追われているのが現状でしょう。

　高等教育を含めて日本の学びは、知の再生産を担う人材、情報処理に優れた人材の育成が中心でした。これは、工業社会の高度経済成長期に必要な人材を育成する優れたモデルでした。しかしながら、DX社会では、知識・技能は急速に進化しますから、人間力（思考力、判断力、表現力）と主体的に多様な人々と協働して学ぶ態度・力量（主体性、多様性、協調性）が重視されます。わが国の高等教育機関も改革に取り組んではいますが、問題は、時代の変化に対応した教育のあり方を抜本的に見直さず、既存の延長上でしか描かれていないことです。

　中央教育審議会『2040年に向けた高等教育のグランドデザイン（答申）』が強調しているのは「学修者本位の教育への転換」です。これを実現する方策として、「教育の質保証」と「学修成果の可視化」への取組が課題とされています。各大学には、ディプロマ・ポリシーと

して、卒業時に何が身についたのか、何ができるようになったのかを発信することが求められています。一方、企業側でも、相対的な競争力低下からメンバーシップ型採用を支えてきた新卒採用・年功序列・終身雇用の転換を迫られ、大学における人材育成に対する期待が高まっています。双方の動向から、入学時の偏差値による評価ではなく、在学中の学修成果を可視化し、それを採用時に評価するという方向に向かっています。

　このような状況下で、専門職大学院・大学の存在は、非常に重要な意味をもちます。専門職大学院・大学のディプロマ・ポリシーは、特定の職務（キャリア）を念頭に置いた内容になり、それが反映されたカリキュラム・ポリシー、アドミッション・ポリシーが策定されます。そして、それらに基づいて内部質保証および認証評価が実施されます。既存の大学では、あまり職務（キャリア）を意識した教育は行われてきませんでしたが、これに変革を迫ることが期待できます。この変革によって、日本の大学全体の国際的存在感の回復が期待できます。

　さらに、日本全体に「学修成果を中心に、教育機関やその卒業・修了生を評価する。」という文化を構築することへの貢献が専門職大学院・大学に期待されます。これが、わが国の国際競争力の向上に資することとなります。

　この専門職教育質保証シリーズを発刊するにあたって、一般社団法人専門職高等教育質保証機構の関係者の方々、文部科学省総合学習政策局をはじめ機構外の多くの方々のご協力とご示唆をいただきました。心からお礼申し上げます。また、機会あるごとに、貴重なご意見をいただいた、独立行政法人大学改革支援・学位授与機構の関係者の方々にも感謝の意を表したいと思います。最後に、本書を出版するにあたり、株式会社ぎょうせいにお世話になり、心よりお礼申し上げます。

編著者紹介

【編　者】

一般社団法人専門職高等教育質保証機構

　2011年2月、一般社団法人ビューティビジネス評価機構として設立。2012年7月、ビューティビジネス専門職大学院の認証評価機関として文部科学大臣から認証を受ける。2014年9月、一般社団法人専門職高等教育質保証機構と改称し、専修学校（とくに、職業実践専門課程）教育の質保証事業を開始する。2021年5月、教育実践専門職大学院の認証評価機関として文部科学大臣から認証を受ける。

【著　者】

川口　昭彦（かわぐち　あきひこ）

　1942年、台湾台北市生まれ。岡山大学理学部卒業、京都大学大学院理学系研究科博士課程所定の単位修得、理学博士（京都大学）。東京大学教養学部教授、評議員、大学院総合文化研究科教授、留学生センター長、総合研究博物館長、大学評価・学位授与機構評価研究部長・教授、独立行政法人大学改革支援・学位授与機構理事、特任教授、顧問、参与を経て現在、名誉教授。一般社団法人専門職高等教育質保証機構代表理事。アメリカ合衆国ハーバード大学に留学（1973-1975年）、日本脂質生化学研究会・千田賞および日本生化学会奨励賞を受賞（1978年）。アジア・太平洋地域質保証ネットワーク（APQN）副会長（2007-2009年）、アジア・太平洋地域質保証ネットワークQuality Awards - Decennial Felicitationを受賞（2013年）。

〈主な著書・編著書等〉

　『生命と時間　生物化学入門』（東京大学出版会）、『東京大学は変わる　教

養教育のチャレンジ』(東京大学出版会)、『脂肪酸合成酵素』(日本臨牀、59、増刊号２)、『生体構成物質　大学生のための基礎シリーズ２　生物学入門』（東京化学同人)、『職業教育における"質保証"とは何か』（リクルートカレッジマネジメント)、『高等職業教育質保証の理論と実践』（ぎょうせい)、『リカレント教育とその質保証』（ぎょうせい)、『大学評価・学位授与機構大学評価シリーズ（全６巻)』（ぎょうせい)、『大学改革支援・学位授与機構高等教育質保証シリーズ（全３巻)』（ぎょうせい)、『大学改革支援・学位授与機構大学改革マネジメントシリーズ（全２巻)』（ぎょうせい)

専門職教育質保証シリーズ
DX社会の専門職大学院・大学とその質保証

令和4年11月20日　第1刷発行

編　　集　一般社団法人専門職高等教育質保証機構
著　　者　川　口　昭　彦
発　　行　株式会社**ぎょうせい**

〒136-8575　東京都江東区新木場1-18-11
URL：https://gyosei.jp

フリーコール　0120-953-431
ぎょうせい　お問い合わせ　検索 https://gyosei.jp/inquiry/

〈検印省略〉

印刷　ぎょうせいデジタル株式会社　　　　　　　Ⓒ2022　Printed in Japan
※乱丁・落丁本はお取り替えいたします。
ISBN978-4-324-80125-3
(5598502-00-000)
〔略号：質保証(DX)〕